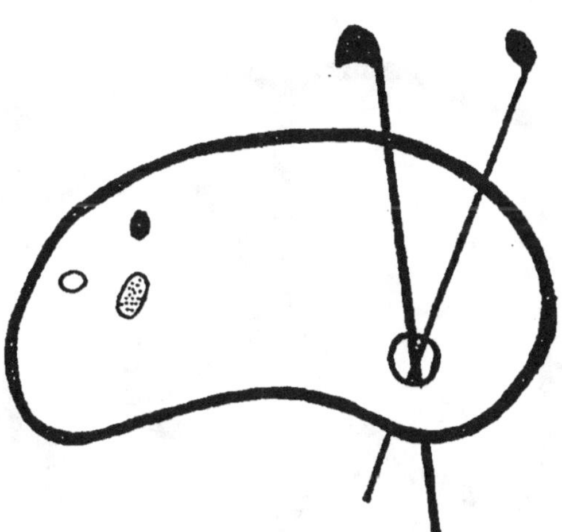

ORIGINAL EN COULEUR
NF Z 43-120-8

Couverture inférieure manquante

LETTRES INÉDITES

DE

PIERRE DE MARCA

ÉVÊQUE DE CONSERANS, ARCHEVÊQUE DE TOULOUSE ET DE PARIS

AU

CHANCELIER SÉGUIER

PUBLIÉES

AVEC AVERTISSEMENT, NOTES ET APPENDICES

PAR

PHILIPPE TAMIZEY DE LARROQUE.

BORDEAUX,
Ch. LEFEBVRE,
6, Allées de Tourny.

PARIS,
H. CHAMPION,
15, Quai Malaquais.

1881

LETTRES INÉDITES

DE

PIERRE DE MARCA.

LETTRES INÉDITES

DE

PIERRE DE MARCA

ÉVÊQUE DE CONSERANS, ARCHEVÊQUE DE TOULOUSE ET DE PARIS

AU

CHANCELIER SÉGUIER

PUBLIÉES

AVEC AVERTISSEMENT, NOTES ET APPENDICES

PAR

PHILIPPE TAMIZEY DE LARROQUE.

BORDEAUX,
Ch. LEFEBVRE,
6, Allées de Tourny.

PARIS,
H. CHAMPION,
15, Quai Malaquais.

1881

Extrait de la *Revue de Gascogne*.

———

Tiré à part à cent exemplaires.

AVERTISSEMENT.

La biographie de Pierre de Marca peut être résumée en quelques lignes : il naquit, en janvier 1594 (1), à Gan, près de Pau (2), de Jacques de Marca et de Catherine de Lartet; il fit ses premières études au collège des jésuites d'Auch et apprit la philosophie et le droit à Toulouse; nommé, à vingt-un ans, membre du conseil souverain de Béarn (1615), il devint président à mortier au parlement de Pau en 1621. Conseiller d'Etat en 1639, il publia, en 1640, l'*Histoire de Béarn* (Paris, in-folio), qui est un de ses principaux titres de gloire. Ayant perdu, quelques années auparavant, sa femme (Marguerite de Horgues, de la maison de Lavedan), et ayant embrassé l'état ecclésiastique, il fut nommé évêque de Conserans en 1642, mais il ne fut sacré qu'en octobre 1648, à cause de quelques opinions qui avaient paru malsonnantes dans son traité : *De Concordia sacerdotii et imperii* (Paris, 1641, in-quarto), et qu'il avait été contraint de désavouer (*Libellus...* Barcelone, 1646, in-quarto). Visiteur général et intendant de la Catalogne pendant plusieurs années qui lui parurent longues comme des siècles (avril 1644 — juillet 1651), il ne fit son entrée solennelle dans sa ville épiscopale que le 5 août suivant, et peu de temps après, il fut transféré sur le siège de Toulouse (27 mai 1652). Ministre d'Etat en 1658, il succéda, comme archevêque de Paris, au cardinal de Retz le

(1) On a indiqué tantôt le 22, tantôt le 23 et, le plus souvent, le 24. L'abbé Monlezun seul, si je ne me trompe, a indiqué le 15 (*Histoire de la Gascogne*, t. vi, p. 561).

(2) Gan est une commune du canton de Pau, à huit kilomètres de cette ville. On y montre encore la maison qui fut le berceau de Marca.

26 février 1662, et mourut, le 29 juin de la même année, ayant reçu ses bulles depuis trois jours seulement (1).

Cet homme, célèbre à la fois comme magistrat, comme prélat, comme administrateur, comme publiciste, comme historien, a trouvé, soit au xviie siècle, soit en celui-ci, de nombreux biographes qui, se complétant l'un l'autre tour à tour, ont, en définitive, à peu près épuisé le sujet. Sans parler des éloges funèbres composés par Samuel Sorbière (2) et par l'académicien Jean Doujat (3), on doit signaler en première ligne les récits et les appréciations de deux écrivains qui ont parfaitement connu la vie et les écrits de Marca : d'une part, Etienne Baluze, attaché à sa personne, en qualité de secrétaire et

(1) Et non, comme on l'a trop répété, le jour même où ses bulles arrivèrent (Dom Chaudon, *Nouveau dictionnaire historique*, t. v, 1789; Tabaraud, *Biographie universelle*, dernière édition, t. xxvi; H. Fisquet, *Nouvelle biographie générale*, t. xxx; Monlezun, ouvrage et passages déjà cités, etc.)

(2) *Samuelis Sorberii ad Stephanum Baluzium allocutio, in funere Petri de Marca, archiepiscopi Parisiensis* (sans lieu ni date), pièce in-4° qui dut paraître en 1662.

(3) *De.. Petri de Marca.. moribus et rebus gestis oratio, in qua religiosissimus præsul, juventuti pro sacri jurisconsulti exemplari proponitur, habita in auditorio juris, ineunte anno scholastico* MDCLXIII. Paris, 1664, in-4° Cet opuscule (de 26 pages) a été omis dans le *Catalogue* (dressé par l'abbé d'Olivet) *des œuvres laissées par les académiciens* (*Histoire de l'Académie française*, édition de 1858, t. ii, p. 523, 524). A côté des deux pièces oratoires de Sorbière et de Doujat, on peut placer l'*Eloge de M. de Marca, archevêque de Paris, Discours qui a remporté le prix de l'Académie des sciences et beaux-arts de Pau, le 4 février 1762* [dans le concours ouvert à l'occasion de l'anniversaire séculaire de la mort de l'historien du Béarn] *par M. l'abbé* BOMBART, *aumônier de Mgr l'archevêque de Paris* (à Paris, chez Cl. Hérissant, 1762, brochure grand-in-8° de 28 pages). Cet éloge est d'un bout à l'autre vide et déclamatoire. Je n'en citerai que cette apostrophe : « O siècle de bagatelles et de frivolités ! J'ose te présenter, dans l'éloge de ce grand homme, pour t'instruire ou te confondre, les talens et les vertus du plus beau siècle qu'ayent vu nos ayeux ! » L'exemplaire que j'ai consulté est celui de la Bibliothèque nationale (L12/27. 13415). Les pages de cet exemplaire, après plus de cent dix ans d'attente, n'étaient pas en-

d'aumônier, de juin 1656 à juin 1662 (1); d'autre part, l'abbé Paul de Faget, cousin-germain du prélat (2).

Parmi les érudits de notre temps, il en est deux aussi qu'il faut citer comme d'excellents biographes de Pierre de Marca : un magistrat qui, comme son héros, a cultivé la science de l'histoire avec autant de zèle que la science des lois, M. G. Bascle de La Grèze (3), et M. E. Roschach,

core coupées. Le premier, j'ai eu le courage d'affronter l'ennui d'une pareille lecture.

(1) *Stephani Baluzii, Tutelensis, canonici Remensis, Epistola ad clarissimum et eruditissimum virum Samuelem Sorberium, de vita, rebus gestis, moribus et scriptis illustrissimi viri Petri de Marca,* etc. (Paris, F. Muguet, 1663, in-8°). Cette lettre a été réimprimée, avec quelques modifications, en tête de l'édition donnée par Baluze du *De Concordia sacerdotii et imperii,* édition qui est la troisième (Paris, 1704, in-folio).

(2) *Vita illustrissimi et reverendissimi Petri de Marca,* etc. (Paris, Jean du Puis, 1668), en tête d'un recueil de diverses dissertations de son cousin, et non de son oncle, comme le disent les auteurs de la *Bibliothèque historique de la France* (t. i, p. 615, n° 9338). Je n'ai pas vu cette édition, mais bien une édition de l'année suivante (Amsterdam), dont je vais donner le titre complet : *Illustrissimi atque reverendissimi Petri de Marca, Parisiensis Archiepiscopi, dissertationes posthumæ, sacræ et ecclesiasticæ, quarum quædam gallica lingua, nunc ex ipso Authoris autographo primum in lucem editæ opera et studio Pauli de Faget presbyteri, in sacro consistorio consiliarii, et nuper Agentis generalis in rebus cleri gallicani, qui vitam authoris etiam scripsit et adjunxit. Accesserunt tres epistolæ D. Baluzii, occasione harum dissertationum scriptæ, cum responsis D. Faget ad easdem. Editio nova non :nutilata, juxta primam editionem Parisiensem.* Vol. in-12 où la vie de Marca remplit 120 pages, où les dissertations latines en occupent 240, les traités en français 83 et les lettres échangées entre Baluze et Faget 60. Sur ces lettres, d'une scandaleuse acrimonie, voir les observations de Bayle (*Dictionnaire critique,* édition Beuchot, t. x, p. 212-214). Ajoutons que Bayle a signalé (p. 205) les curieuses « petites particularités » qui abondent dans la vie de Marca par l'abbé de Faget.

(3) *Antiquités de Béarn par Pierre de Marca. Manuscrit inédit de la Bibliothèque royale, publié et précédé d'une notice sur la vie de l'auteur, par M. G. Bascle de Lagrèze, procureur du roi, chevalier de l'étoile polaire de Suède,* etc. (Pau, 1846, in-8°).

archiviste de la ville de Toulouse et lauréat de l'Institut (1).

En dehors de ces notices spéciales d'où jaillit une si vive lumière, combien de pages encore il serait facile de citer sur la vie, le caractère, les œuvres de Pierre de Marca ! Combien d'articles lui ont été consacrés dans nos recueils biographiques, à commencer par le *Dictionnaire* de Moréri et à finir par le *Dictionnaire critique de biographie et d'histoire* de M. Jal (2) ! Quelle place considérable n'occupe-t-il pas dans tous les livres relatifs à l'histoire ecclésiastique du xviie siècle, et, pour ne prendre que quelques exemples, dans l'*Abrégé de l'histoire de Port-Royal* de Jean Racine, comme dans les *Mémoires* du P. Rapin, dans l'*Histoire de Jansénisme* de Gerberon, comme dans la *Bibliothèque des auteurs ecclésiastiques* d'Ellies du Pin (5), dans l'*Histoire des troubles du Béarn, au sujet de la religion*, du P. Mirasson, barnabite, comme dans le *Port-Royal* de M. Sainte-Beuve ! Enfin, au point de vue bibliographique, quelles précieuses informations ne trouve-t-on pas dans la longue liste dressée par les auteurs de la

(1) *Fragments d'une étude historique sur l'archevêque de Toulouse Pierre de Marca,* dans les *Mémoires de l'Académie des sciences, inscriptions et belles-lettres de Toulouse* (septième série, t. iv, 1872, p. 147-172). Conférez *Etudes historiques sur la province de Languedoc,* par le même auteur, t. xiii de l'*Histoire générale de Languedoc,* édition Privat, 1877, p. 236 à 404, *passim.*

(2) Mentionnons le bel éloge fait de Marca par Perrault (*Les hommes illustres qui ont paru en France pendant le XVIIe siècle,* Paris, 1659, in-folio, t. i, p. 7, et Paris, 1701, in-12, t. i, p. 14). Remarquons, à ce sujet, combien de notices ont été consacrées par Perrault à des personnages nés en Gascogne : Henri de Sponde, Pierre du Puy, le cardinal d'Ossat, saint Vincent de Paul, le P. François de Combefis, le maréchal de Gramont, le maréchal de Gassion et Joseph-Juste Scaliger. — Après le recueil de Perrault, il faut citer tout particulièrement les *Mémoires* du P. Niceron, où l'article *Marca* est si développé et si soigné (t. xii, 1730, p. 313-351).

(3) 2e partie, 1708, p. 1-105. Nulle part on ne trouvera autant de détails sur les ouvrages théologiques de Marca que dans ces cent pages. Du Pin vante beaucoup (p. 105) le style de Marca, qui lui semble « ferme, mâle, assez pur, sans affectation et sans embarras. » Cette appréciation a été reproduite par divers biographes,

Bibliothèque historique de la France (1), et surtout dans l'habile analyse faite par M. Paulin Paris des ouvrages manuscrits d'un des plus féconds écrivains de la Gascogne (2)? Si l'on ajoute à tant de ressources les renseignements fournis, à diverses reprises, dans la *Revue de Gascogne*, sur quelques points particuliers (3), n'est-ce pas plus que jamais l'occasion de répéter le mot de La Bruyère : *Tout a été dit?*

Pour donner, à propos de Pierre de Marca, quelque chose de nouveau, il fallait le lui emprunter. J'ai donc pris le parti de laisser ce grand personnage raconter lui-même au public diverses particularités relatives à certaines périodes de sa vie. Comme la correspondance inédite que l'on conserve de lui est très considérable (4), je me contenterai d'en présenter ici un simple échantillon. Ayant à choisir entre trois recueils de ses dépêches, les dépêches à Michel Le Tellier, secrétaire d'Etat au département de la guerre, les dépêches au cardinal Mazarin et les dépêches au chancelier Séguier, j'ai donné la préférence au recueil qui est à la fois le moins étendu et le

notamment par Dom Chaudon. Signalons ici de curieuses pages de M. l'abbé Puyol sur *le premier écrit de Marca* (c'est-à-dire le *Discours d'un Béarnais,* 1618), dans *Louis XIII et le Béarn* (Paris, 1872, in-8°, p. 378-384).

(1) Les imprimés et les manuscrits de Marca y sont énumérés en trente-quatre articles (tome v. *Table des auteurs,* p. 613).

(2) *Manuscrits français de la Bibliothèque du Roi* (t. iv, 1841, p. 227-243). L'éminent critique, en cette dernière page, exprime le vœu que, parmi les pièces qu'il vient d'énumérer, et qui sont pour la plupart inédites, on choisisse et publie les plus intéressantes qui formeraient un recueil digne d'être comparé à ceux de l'abbé Lebeuf et du P. Menestrier.

(3) Voir, par exemple, sur la question de l'existence d'un second volume de l'*Histoire de Béarn,* les communications de MM. Curie Seimbres, Léon Soulice, G. B. de Lagrèze (t. xv, p. 553, t. xvi, p. 97, 131, 295).

(4) On possède cette correspondance aux Archives du ministère de la guerre, aux Archives nationales, surtout à la Bibliothèque nationale où, avec beaucoup de lettres originales, on trouve la copie de la plupart des lettres autographes des autres dépôts.

plus intéressant. C'est aussi celui que l'on a le moins défloré, et tandis que plus d'une des lettres adressées par l'évêque de Conserans au père de Louvois et au premier ministre d'Anne d'Autriche a déjà vu le jour (1), on ne connaît, pour ainsi dire, aucune de celles qu'il écrivit au chancelier Séguier.

Dans ces lettres, ce n'est pas seulement l'homme d'Etat qui apparaît, c'est encore l'homme. Tout en traitant les affaires de la France, Marca traite aussi ses propres affaires. Il s'occupe de son avenir, de sa famille, de ses amis; il entre parfois dans des détails qui le peignent au vif et qui seront d'autant plus goûtés que la verve gasconne leur prête une plus piquante saveur, et que le correspondant de Séguier y justifie mieux la réputation « d'homme d'esprit » que Racine lui attribue (2).

A la suite des lettres au chancelier j'ai réuni dans la première partie de l'*Appendice*, quelques lettres inédites adressées par Marca, en divers temps, à diverses personnes, et, dans la seconde partie, j'ai rapproché d'une lettre de son fils, le président au parlement de Pau, une lettre d'un bon religieux béarnais appelant, en 1646, l'attention de Séguier sur le mérite de l'évêque de Conserans et sur l'avantage qu'il y aurait pour ce prélat a être nommé évêque d'Oloron. J'espère que ce petit supplément ne déplaira pas à mes bienveillants lecteurs.

Je ne voudrais pas terminer cet avertissement sans dire un mot des reproches qui ont été adressés à Pierre de Marca. On a généralement, ne craignons pas d'en convenir, beaucoup plus loué son remarquable talent, et, comme s'exprime un

______

(1) Voir dans le tome XIII déjà cité de l'*Histoire générale de Languedoc* les citations et extraits des pages 296 (lettre à Le Tellier, du 22 avril 1649), 320 (lettre au même, du 30 juillet 1651), 333 (lettre à Mazarin, du 26 juillet 1649), 364 et 365 (diverses lettres à ces deux ministres).

(2) *Œuvres complètes*, édition des *Grands écrivains de la France*, t. IV, p. 492.

traducteur du latin de Bossuet (1), son « très beau génie, » que son caractère. Quelques-uns l'ont représenté comme un homme ambitieux, intéressé, versatile, dépourvu de sincérité et de noblesse de cœur (2). Les teintes de ce tableau sont trop sombres, et l'impartiale histoire ne saurait accepter les exagérations de l'esprit de parti. Marca eut pour ennemis — et l'on n'ignore pas jusqu'où va l'*odium theologicum !* — les partisans des doctrines ultramontaines, qui le trouvaient trop gallican, et les partisans des doctrines jansénistes, qui le trouvaient trop moliniste. Placé entre ces opinions extrêmes, comme un combattant pris entre deux feux, il a été également maltraité par les deux camps, et, de nos jours, on l'a trop souvent jugé d'après les invectives de ses passionnés adversaires. Soyons plus justes, et tout en reconnaissant que Pierre de Marca ne fut pas toujours irréprochable, reconnaissons aussi qu'il eut assez de grandes qualités morales pour que la Gascogne n'ait point à rougir de l'homme, elle si fière du grand érudit, du grand historien.

(1) Ce traducteur est Tabaraud (de la *Biographie universelle*). Bossuet avait dit : *clarissimum ingenium.* Voir *Œuvres complètes,* édition Lachat (t. xxi, 1865, *Gallia orthodoxa,* p. 24).

(2) La plus violente tirade qui ait jamais été faite contre lui se trouve dans une demi-page écrite par le janséniste Michel Girard, abbé de Verteuil, citée, d'après les *Mémoires* d'Hermant, par M. A. Gazier (*Les dernières années du cardinal de Retz,* Paris, 1875, in-8°, p. 61). A cette tirade d'un sectaire, on pourrait opposer les enthousiastes hommages que Balzac se plut à rendre à la vertu, comme à la science de Marca (voir les citations réunies à la page 419 des *Mélanges historiques* de 1873, dans la *Collection des documents inédits,* sous une lettre de Balzac à Chapelain, du 27 septembre 1643, note 3). Mais si l'on récusait l'auteur du *Socrate chrétien,* d'abord comme un trop grand ami de l'hyperbole, ensuite comme un trop grand ami de Marca, qui lui a écrit — ne l'oublions pas — une lettre des plus flatteuses (12 novembre 1652, p. 1058 du tome i des *Œuvres de Monsieur de Balzac,* édition de 1665, in-f°), le témoignage de Bayle ne paraîtrait sans doute pas suspect : or Bayle a vanté les actions aussi bien que les écrits de celui qu'il proclame « l'un des plus illustres ornements de l'Eglise gallicane. »

LETTRES AU CHANCELIER SÉGUIER [1].

I

Monseigneur,

J'ai eu l'honneur de vous escrire de Bourdeaux le dessein que les ennemis de Monsieur de la Vie, advocat général [2], avoient formé, de l'engager dans la procédure criminelle qui se faict de l'auctorité du Parlement touchant l'enlevement de quelques prisoniers [3]. Leur violence paroit en ce qu'ils ont faict déposer par quelques témoins, que les deux freres dudit sieur advocat général estoient présents à cette action, quoiqu'il soit notoire en cette ville de Pau, que l'un d'eux estoit ici au temps de l'excès, et longtemps auparavant. Ce qui me donne la liberté de vous renouveler, Monseigneur, la très humble prière que je vous avois faicte par ma lettre précédente [4], de vouloir empescher ces oppressions, par une interdiction du Parlement de Bourdeaux, et par le renvoi en un autre non suspect. Je partirai de cette ville vers Catalogne le 5 d'avril précisement, et me doneray l'honneur de vous escrire de Narbone; vous suppliant très humblement de me conserver celui de vos bonnes graces, et croire que je suis, Monseigneur, vostre très humble, très obeissant et très obligé serviteur. MARCA.

A Pau, ce 28 mars 1644 [5].

(1) Les relations de Séguier et de Marca étaient depuis fort longtemps excellentes. C'était le chancelier qui l'avait nommé conseiller d'Etat, et Marca, en lui dédiant, avec force beaux éloges, l'*Histoire de Béarn,* n'avait fait que lui payer une dette sacrée, comme il le déclare en ces termes : « lequel je vous dédie pour la recognoissance publique des grandes obligations que je vous ay. » L'épître dédicatoire est datée de Paris, « ce 29 octobre 1639. » Marca n'a pas manqué d'y signaler le grand rôle joué par Séguier dans la république des lettres, et rarement ce noble protecteur des académiciens, des savants, a été plus dignement loué.

(2) Voir sur ce personnage une remarquable étude intitulée : *Le Parlement de Bordeaux et l'avocat général Thibaud de La Vie sous la fronde par* M. THÉOPHILE BAZOT, alors substitut du procureur

général de Bordeaux, et maintenant premier président de la cour d'appel d'Alger (Bordeaux, Gounouilhou, 1869, in-8°).

(3) Voir sur cette affaire le discours déjà cité de M. Th. Bazot (*Appendice*, p. 69-75). Le savant magistrat a utilisé, dans cet appendice, plusieurs documents publiés dans les *Archives historiques du département de la Gironde*. J'ajouterai que, depuis cette époque, j'ai trouvé (Bibliothèque nationale, fonds français, vol. 18752) diverses autres curieuses pièces à ce sujet, notamment (f° 322-326) un *Mémoire touchant le parricide du baron de Pressac dont estoit accusé le sieur de La Vie, advocat général au parlement de Bourdeaux,* 1644.

(4) Cette *lettre précédente* devait être celle qui figure, à l'état de brouillon trois fois recommencé, dans le volume 103 de la collection dite des Armoires de Baluze (f° 41). On lit dans cette lettre sans date et sans suscription : « Je suis arrivé en cette ville de Bourdeaux le 7 de ce mois de mars, après avoir enduré beaucoup de travail par les chemins qui estoient extrèmement difficiles à cause de l'incommodité des boues et des mauvais temps. Ayant appris en cette ville de Bourdeaux par M. de La Vie, advocat général, et par plusieurs autres personnes, que ses enemis taschoient de l'engager dans une affaire où son jeune frère s'est engagé avec quelques autres pour retirer une dame, leur parente, d'entre les mains de ceux qui la menoient en prison, où l'on craignoit qu'elle ne fut opprimée par la puissance de ses parties, j'ay estimé que vous auriez agréable que j'accompagnasse de ma très humble prière la requête qu'il vous présente, afin qu'il vous plaise lui accorder pour son frère et ses amis la rémission de cet enlèvement qu'ils ont fait sans avoir blessé ni battu personne. » La *dame* si doucement enlevée était mademoiselle de La Cassaigne, cousine germaine de l'avocat général Th. de La Vie.

(5) Bibliothèque nationale, fonds français, vol. 17781, f° 65. Autographe. Presque toutes les lettres de Marca, renfermées dans les registres de la correspondance de Séguier, registres qui, au nombre de 47, occupent dans le fonds français les numéros compris entre 17367 et 17413, sont, disons-le ici une fois pour toutes, de la main même de Marca. J'aurai soin d'indiquer les exceptions.

II

Monseigneur,

Estant arrivé en cette ville de Pau, j'ai trouvé un tel désordre dans les lettres de justice qui s'expédient au petit sceau pour les affaires du Parlement, par un practicien qui en est le fermier, que j'ai creu estre de mon devoir de vous renouveller la proposition, laquelle j'avois eu l'honneur de vous faire à Paris, pour restablir le respect qui est deu au seau de Sa Majesté. Elle tend à ce qu'il vous plaise de bailler commission à un des anciens conseillers de la Cour pour avoir la garde de ce petit seau, auquel le fermier sera obligé de le remettre en main, qui pourra néantmoins continuer de faire la recepte des émolumens, en payant au garde des seaux les droicts qui lui sont deus. Je vous avois supplié, Monseigneur, comme je le fais encore très humblement, qu'il vous pleut pour l'exercice de cette commission faire chois de Monsieur de Mesplès, qui est des plus anciens conseillers catholiques, et mon proche allié (1). Si vostre bonté le gratifie de cet emploi, je vous en aurai toute l'obligation, quoique je vous sois d'ailleurs redevable de toutes choses, et tenu d'estre tousjours, Monseigneur, vostre très humble, très obeissant et très obligé serviteur,   Marca.

A Pau, ce 3 d'avril 1644 (2).

(1) M. l'abbé de Carsalade, si profondément versé dans la connaissance de l'histoire de la noblesse du sud-ouest, veut bien m'apprendre qu'il s'agit ici de Paul de Mesplès, conseiller au parlement de Pau, époux de Jacquemine de Bordenave, mort vers 1657, lequel fut père de Louise de Mesplès, femme de Dominique d'Esclaux, président au parlement de Navarre, et ensuite évêque de Lescar (1681-1718). Ce dernier personnage, unissant le nom de sa femme à son propre nom, se faisait appeler Dominique d'Esclaux de Mesplès.

(2) *Ibid.* fº 74. — Le lendemain, 4 avril, fut rédigé pour le chancelier, à Pau, un rapport sur le moulin de cette ville (collection dite des Armoires de Baluze, vol. 103, fº 46, minute). Le voici : « Suivant la charge que vous nous aviez donnée, nous avons travaillé à vérifier exactement les frais qui ont esté faicts au commencement de la chaussée du moulin de Pau, et après avoir ouï ceux qui l'ont construite, nous trouvons que le bois qui a esté employé pour faire tous les pilotis, les poutres et les ais jusqu'au nombre de 20 canes, valent avec la façon 400 livres. Sur ces pilotis on a basti neuf canes de murailles en longueur, sur la largeur de deux canes, lesquelles avec la façon valent 300 livres. Les frais pour faire curer le canal, avec une petite paisselle, montent 100 livres et le tout ensemble 800 livres. Encore faut-il remarquer que la pierre taillée que l'on a employée appartient au Roy, ayant été prise d'une muraille qui servoit pour l'ancien canal du moulin. Il y a aussi quelques pieds d'arbres qui ont esté pris dans le parc du Roi. De sorte que si l'on fait déduction de la valeur de ces pierres et de ce bois, tout ce travail ne monteroit pas six ou sept cens livres. Quant aux matériaux que l'on

disoit estre sur les lieux, il n'y a que 36 charretées de pierre taillée, dont la valeur est comprise dans les 300 livres ci-dessus. C'est à quoi aboutit la demande que l'on nous faisoit de neuf ou dix mil livres pour ce travail et ces matériaux que l'on disoit estre sur les lieux. Quant à la construction entière de la chaussée, il est certain que les adjudicataires du moulin ne prétendoient point la faire d'une si grande estendue que celle qui est descrite dans le procès-verbal de la Chambre. Ils vouloient l'arrester à une petite isle de gravier qui est au milieu du canal de la rivière du Gave où l'on devoit bastir un grand pilier de pierre, pour asseurer la teste de ce travail, ce qui ne leur eut pas cousté plus de cinq ou six mil escus; et avec cela et deux mil livres d'entrée, outre la redevance de 150 ou 200 livres, il avoient un moulin de quatre mil livres de ferme. Mais pour dégouter le Conseil de l'intention de retenir le moulin, ils ont augmenté le dessein, et par conséquent la dépense, que l'on faict monter à 38,000 livres. Il y a une personne solvable qui avoit offert de l'entreprendre suivant le grand dessein pour dix mil escus, mais depuis il demande 12,000 escus et offre bonne caution. Le frère Berion, jésuite, a faict une autre ouverture qui est de bastir le moulin joignant le pont et m'a dit que la despense ne monteroit pas plus de 6,000 escus et que l'ouvrage seroit beaucoup plus asseuré que la chaussée et que, pour le regard de la monoye, on peut la faire batre avec les enginz de bois qui sont dans la tour, qu'un jésuite a faicts, sans qu'il soit besoin d'avoir de l'eau. Il y a encore un autre homme entendu qui a faict dire qu'il avoit un expédient très asseuré, et meilleur que le dessein de la chaussée, qui ne cousteroit que 18,000 ou 20,000 livres. Il y a de l'apparence que c'est la pensée du frère Berion avec lequel cet homme a communiqué. L'épargne des frais et l'asseurance de l'ouvrage mérite qu'il vous plaise, Monsieur, choisir à Paris un homme entendu qui vienne sur les lieux pour examiner ces desseins, et embrasser le meilleur, et pour l'exécution de celuy que vous choisirés, on vous donera des entrepreneurs. Il pourra venir par la voye du messager de Bordeaux, en sorte que les frais de son voyage et de huit jours de séjour ne monteront pas plus de 200 livres. Si vous adjoustés à cela des vacations, tous les frais ne monteront pas plus de 500 livres. Il faudroit faire partir cet homme secrètement, afin qu'il ne fut haleiné par persone avant son départ, et l'adresser à moi, procureur général en la cour de parlement, qui lui donnerai toutes les instructions nécessaires. Par tout ce dessus vous recognoissés, Monsieur, que l'affaire du moulin de Pau est utile pour le Roi, et qu'il faut user de précaution pour n'estre pas pris par les intéressés. Nous n'avons point d'autre affection en ceci que celle du service de S. M., comme nous vous supplions de croire, et que nous sommes, etc. »

III

Monseigneur,

Suivant la permission qu'il vous avoit pleu de me donner lors de mon départ de Paris, j'ai proposé à Messieurs du Parlement de Pau le désir que j'avois de résigner mon office de président en faveur de mon fils (1), à condition de ne tenir autre rang et de ne faire autre fonction que de conseiller jusqu'à ce qu'il eut servi le temps necessaire pour estre capable d'entrer en l'exercice entier de cet office de président. Ils m'ont temoigné d'avoir agréable mon dessein, comme vous verrés par les lettres, tant de monsieur le president d'Esquille (2) qui a presidé à la déliberation en absence de monsieur le premier president (3), que de monsieur du Hau, procureur général; lesquels vous ecrivent les sentimens que la Cour a eus, d'autant plus facilement, que je leur ai faict comprendre qu'ils estoient conformes aux vostres, de sorte, Monseigneur, que j'ose vous supplier très humblement d'achever la grace que vous avés commencée, et de me gratifier de toutes les clauses que la bienséance pourra permetre, mesmes, s'il se peut, me faire décharger de la finance. Je suis tellement asseuré de vostre·bonté en mon endroict, que je changerois dors et desja mes prieres en remerciemens, si l'ordre des choses le pouvoit soufrir. Mais en attendant ce nouveau bienfait, je dois avouer que je suis tenu d'estre toute ma vie, Monseigneur, vostre très humble, très obeissant et très obligé serviteur,   MARCA.

A Pau, ce 5 avril 1644.

Je pars demain à six heures de matin, vers la Catalogne (4).

(1) Galatoire de Marca fut non-seulement successeur de son père dans la présidence du parlement de Pau, mais encore abbé de Saint-Aubin d'Angers. Il mourut à Moneins, le 11 février 1689, âgé de 65 ans.

(2) Jean d'Esquille, procureur général en la chancellerie de Navarre (1610), et président à mortier au parlement de Navarre (1624). Il fut fort maltraité, en 1613, par le comte de Gramont, comme on le voit dans les *Mémoires* de J. Nompar de Caumont, duc de La Force (t. II, p. 371-375). On retrouvera son nom dans une lettre de Marca, du 5 octobre 1618 (*Appendice*).

(3) Bernard de La Vie, mort en 1655. Voir, dans la *Revue de Gascogne* (t. XII, 1871, p. 416-425), *Trois lettres de Bernard de La Vie*. Il y est question (p. 421, à la date du 13 novembre 1648) de Galatoire de Marca.

(4) *Ibid.*, f° 77.

IV

Monseigneur,

Je suis arrivé en cette ville de Barcelone le 25 de ce mois d'avril, accompagné d'une pluye que le peuple avoit demendée le jour précédent avec des prières publiques; d'où il a tiré une conjecture que mon arrivée seroit suivie du bonheur de ce principat (1). On a rendu à la dignité dont il a pleu au Roy m'honorer, tous les respects qui lui estoient deus, le gouverneur, les principaux officiers de l'audience, les gentilshommes et bourgeois estans venus au devant de moi avec leurs carrosses. L'esperance que ces Messieurs ont conceue de moi m'oblige à rechercher les moyens de la remplir par ma bonne conduite; d'autant plus qu'ils ont apris que j'avois eu l'honeur d'estre instruict aupres de vous, Monseigneur, depuis que j'ai esté retenu au conseil de Sa Majesté. Je tascherai de m'acquiter de mon devoir, et de vous rendre en toutes occasions le respect et le service que je vous dois en qualité, Monseigneur, de vostre très humble, très obeissant et très obligé serviteur,   MARCA.

A Barcelone, ce 27 avril 1644 (2).

(1) L'augure ne devait pas être trompeur, car l'administration de Marca en Catalogne fut des plus heureuses, et Bayle a pu dire qu'il exerça sa charge de visiteur général et d'intendant en cette province « avec tant d'habileté, qu'il se fit aimer des Catalans d'une manière qui a peu d'exemples. » Il n'était pourtant pas facile de s'en faire aimer, si l'on en croit Marca lui-même écrivant de Barcelone le 20 juin 1646 « au Révérend Père François de La Vie, de la Compagnie de Jésus, à Dijon, » dans une lettre imprimée par Michault (*Mélanges historiques et philologiques*, Paris, 1754, in-12, t. I, p. 340) : « Je suis maintenant dans les occupations très fâcheuses de manier les esprits des Catalans, qui ne sont pas comme le reste des hommes. »

(2) *Ibid.*, fo 103.

V

Monseigneur,

Estant arrivé en cette ville de Barcelone, j'ai rendu à monsieur de la Berchère (1) la letre que le Roi lui escrit pour lui permetre de se retirer, après m'avoir donné les cognoissances nécessaires de toutes les choses qui regardent le service de Sa Majesté en cette province de Catalogne. Il a tellement satisfaict à ce point en m'informant de l'estat des affaires, de l'inclination des peuples, et des intérets de chaque particulier, que je pense, suivant la cognoissance que ce peu de jours qui se sont coulés depuis mon arrivée m'ont peu donner, que je ne dois rien désirer davantage pour ce regard. Sa conduite en cette ville me pourra servir aussi d'une bonne instruction, puisque par ses actions il a gaigné les cœurs des principaux de la cité, et particulièrement des conseillers et des députés, qui m'ont prié de les vouloir assister avec le mesme soin et la mesme affection qu'avoit ledict sieur de la Berchère. Je m'estimerois asses heureux, si à la fin de cette campagne je puis me retirer avec les applaudissemens égaux à ceux qu'on lui donne. J'escris la mesme chose, Monseigneur, à monsieur Le Tellier, afin qu'il puisse rendre témoignage de mes sentimens pour ce qui regarde la conduite dudit sieur de la Berchère lequel ayant l'honeur d'estre aymé de vous, s'est rendu digne par ses déportemens d'un autre meilleur emploi (2).

Quant au mien qui est celui de visiteur en Catalogne, il a eu desjà la plus grande partie de son effect, qui consiste à témoigner à ces peuples que le Roi prend soin de leurs intérets, puisqu'il envoye sur les lieux une persone de condition pour ouir leurs plainctes, et tenir la main à la conservation des privileges de la province. Cette considération, la qualité d'evesque, et une bonne opinion que l'on avoit de moi, ont esté cause que j'ai esté receu avec satisfaction d'un chacun. On prépare des mémoires pour me les donner suivant la coustume du pais. Je les examinerai pour voir s'il y a rien de considérable, qui mérite que l'on mete la main à l'œuvre pour le service du Roi. Hors ce cas précis, l'exercice de la visite ne peut servir qu'à exciter des contentions avec les officiers, contre lesquels elle se faict. Ils auroient des exceptions prises de leurs constitutions, sçavoir que le visiteur doit estre demandé par la députation, et doit estre pris de la Couronne d'Aragon. C'est ce qui m'a empesché de presser d'abord l'enregistrement de la commission, me contentant de ce que ma qualité est cogneue par les letres de cachet qui ont esté rendues aux corps de la ville, et que cette cognoissance donne au peuple toute sorte de satisfaction, et m'acquiert quelque respect envers les officiers de l'audience. Je sonderay peu à peu les esprits pour voir si je dois faire quelque autre démarche. Cependant je vous supplie, Monseigneur, de conserver vos bonnes graces à celui qui est, Monseigneur, vostre très humble, très obeissant et très obligé serviteur,

MARCA.

A Barcelone, ce 4 may 1644 (3).

(1) Denys Le Goux de La Berchère, marquis de Santenay, conseiller d'Etat, maître des requêtes, nommé premier président du parlement de Dauphiné à la mort de son frère, Pierre Le Goux de La Berchère, marquis de Tuteville (1653), etc.

(2) A la page suivante du même volume, on voit une lettre de M. de La Berchère au chancelier, datée de Barcelone le 4 mai 1644. Là, M. de La Berchère parle beaucoup de Marca, signale tous les honneurs qui lui ont été prodigués, et se réjouit d'avance de tout ce que l'on a le droit d'attendre de « sa capacité, prudence, générosité et intégrité. » Il ajoute qu'il lui a dit à cœur ouvert tout ce qu'il savait, et sa lettre, en un mot, confirme entièrement celle de Marca.

(3) Volume 17779, f° 15. Quelques jours plus tard, le 25 du même mois, Marca écrit de Barcelone au maréchal de La Mothe pour le détourner de livrer combat avec si peu de gens qui lui restent, ce qui serait perdre toute la Catalogne. Une copie de cette lettre est conservée dans le volume 17778, f° 43.

VI

Barcelone, ce 1er juin 1644

Monseigneur,

J'ai appris par la lettre de mon courrier la grace qu'il vous a pleu me faire de recevoir favorablement ma despeche et d'en appuyer le subject par une de vos lettres vers monsieur Le Tellier (1), dont j'espère un bon succès.

Monsieur le président La Vie le père a averti mon fils par la lettre dont la copie est cy joincte, que son fils l'advocat général de Bourdeaux poursuivoit à la Cour la permission de résigner l'office de premier président de Pau (2), et que ce sera avec son grand regret s'il ne peut favoriser la religion et l'Estat par le chois du successeur, et que je pense aux expédiens qu'il y a de le faire tomber entre mes mains et de mon fils.

Je recognoi bien qu'il lui fache d'exécuter ce que son fils désire, qui est de mettre l'office entre les mains de monsieur le président Gassion (3), qui en offre beaucoup d'argent. Pour éviter cet inconvénient, vous aviez trouvé bon, Monseigneur, d'envoyer au père des lettres de prorogation de quatre années pour prendre de là le prétexte de refuser d'admettre la desmission, qui ostoit au Roy le service d'un ancien officier. Si le fils n'a pas obtenu cette permission de résigner, je vous supplie très humblement de la sursoir sous le mesme prétexte, afin de me donner moyen de négocier cette affaire avec ledit premier président.

Si elle estoit desjà accordée, je vous supplie, Monseigneur, de ne donner point aucun brevet de seureté de la finance à M. le président Gassion, qui ne voudra point à mon avis traiter dans cette condition, et s'il vous plaisoit communiquer de cela avec Monseigneur le Prince, je m'asseure qu'il seroit aise d'avoir occasion de lui faire refuser, non seulement ce brevet, mais les provisions, afin de faire voir que pour les offices, il faut posseder, outre l'argent, l'estime dans l'esprit des supérieurs. Je suis tousjours avec respect, Monseigneur, vostre très humble, très obeissant et très obligé serviteur,

MARCA, E. de Coserans (4).

(1) Michel Le Tellier, né le 19 avril 1603, mort le 30 octobre 1685, était secrétaire d'Etat au département de la guerre depuis le mois de mai 1643. La correspondance de Marca avec le père de Louvois ne se trouve pas seulement, à l'état de minute, dans la collection dite des Armoires de Baluze (vol. 103-106), mais encore, à l'état de copies, dans les volumes 7152-7155 du Fonds français. J'indiquerai dans le volume 325 de cette dernière collection (f° 102) une lettre bien amicale de Le Tellier à Marca, du 16 juillet 1656, et (f° 104) une autre lettre, du 28 août de la même année, où le ministre décerne à son correspondant les éloges les plus flatteurs.

(2) Cette résignation ne fut pas autorisée, et Thibaud de La Vie, qui avait été nommé bien des années à l'avance (dès le mois de février 1643) premier président du parlement de Navarre, garda ces hautes fonctions depuis la mort de son père (1655) jusqu'à sa propre mort (janvier 1685).

(3) Jean, marquis de Gassion, fils aîné du président Jacques de Gassion et de Marie d'Esclaux, et frère du maréchal de Gassion, fut successivement procureur général, puis (1628) président à mortier au parlement de Navarre, conseiller d'Etat (1636), intendant de justice en Béarn (1640), etc. Il ne put devenir premier président, et Marca, qui ne l'aimait pas, comme cette lettre le laisse assez voir, écrivait triomphalement, deux ans plus tard, au P. de La Vie (p. 341 du recueil déjà cité) : « Je crois que vous aurés appris par les lettres de la maison, que j'ai eu le bonheur de pouvoir servir avec satisfaction M. le premier président de Navarre, en la survivance de l'office pour M. son fils. »

(4) Collection dite des Armoires de Baluze, vol 103, f° 86, verso. Minute.

VII

A Barcelone, ce 24 juillet 1644.

Monseigneur,

J'ay receu la letre dont il vous a pleu m'honorer, qui m'a esté rendue par Monsieur de Chabot, auquel j'ay temoigné l'affection avec laquelle vous me recommandiés ses interests, et le désir que j'avois de vous obeir en cette occasion comme en toutes les autres. Je suis extremement obligé à vostre bonté, de la faveur qu'il vous plait me faire, de me donner part de l'estat des affaires publiques, et des miennes particulieres, dont j'ai eu l'honneur de vous faire mes remerciemens par lettre précédente (1). Je pense que vous aurés aussi receu, Monseigneur, les lettres que j'ai escrites pour ma défense, touchant le défaut que l'on prétend en ma conduite, provenant de ma crainte. J'ai renoncé à ma modestie pour me décharger de ce blasme, sans que j'aye perdu le respect que je dois aux puissances, non plus que je ne me departiray jamais de l'obeissance que je dois à vos commandemens, en qualité, Monseigneur, de vostre très humble, très obeissant et très obligé serviteur.

MARCA.

Nostre armée a marché vers le camp des ennemis depuis le 18 de ce mois, sans que nous ayons encore receu aucune nouvelle de l'estat où ils sont. On nous faict espérer qu'il y a des vivres dans Leride (2) jusqu'au commencement d'aoust (3).

(1) Parmi les lettres de Séguier à Marca qui nous ont été conservées, j'en citerai deux (collection Baluze, vol. 124, fº 60 et 62) : dans la première, du 6 mars 1659, le chancelier entretient l'archevêque de Toulouse de ce qui s'est passé dans les états de Languedoc touchant le don gratuit qu'ils ont accordé au roi. Dans la seconde, du 3 septembre 1659, il lui reproche fort affectueusement de ne pas lui donner assez souvent de ses nouvelles.

(2) A propos de Lérida, recommandons aux écrivains militaires une page inédite écrite par Marca en mai 1644 et intitulée : *Relation de la bataille de Leride pour Mgr le chancelier* (collection Baluze, vol. 103, fº 77 *bis*).

(3) Fonds français, vol. 17780, fº 11. — Au fº 50 du même volume est une lettre de Marca (de Barcelone, le 25 août 1644), dans laquelle il prie le chancelier de voir de bon œil l'abbé de Bagnoles, qui se rend à Paris pour les affaires de Catalogne.

VIII

Monseigneur,

La bonté que vous avés de prendre quelque part en mes interests, me donne la liberté de vous faire sçavoir la reception de mon fils :

d'autant plus qu'elle a esté faicte avec un tel applaudissement de la cour de Parlement et de toute la ville de Pau, à cause de la satisfaction que l'on a eue de sa personne, que je puis asseurer que vos bienfaicts ont esté faicts à un homme qui n'en a pas esté jugé indigne. Il a répondu à 40 argumens avec modestie, clarté d'esprit, fermeté de jugement, facilité à s'expliquer en bon latin, et avec grande cognoissance de la matiere qu'il traictoit. De sorte qu'il y a eu des officiers qui ont dit en opinant, qu'ils avoient resolu de l'obliger au service de dix années, avant que de faire la fonction entiere de Président : mais qu'ils estoient constraincts de changer d'avis, et de se tenir aux termes des lettres pour dix années, après avoir considéré les mérites du répondant. Une bonne partie des advocats estoit aux écoutes, qui publièrent ses louanges par la ville avec beaucoup d'avantage. Je vous suplie, Monseigneur, de pardoner à l'affection d'un père qui vous entretient des espérances que l'on a conceues de son fils (1); vous suppliant de croire que si je n'en avois eu quelque bonne opinion auparavant, je n'eusse pas eu la hardiesse de vous demander pour lui les graces extraordinaires qu'il vous a pleu m'accorder : qui m'engagent à continuer d'estre, Monseigneur, vostre très humble, très obéissant et très obligé serviteur.

MARCA.

A Barcelone, ce 4 janvier 1645 (2).

(1) Cette même affection inspirait à Marca, le 20 juin de l'année suivante, ce nouvel éloge du jeune magistrat (lettre déjà citée au P. de La Vie, p. 342) : « J'ai résigné l'office de président à mon fils, dont la fonction a été partagée par les lettres du roi; en sorte qu'il n'a ni voix, ni séance, que comme un conseiller, pendant six ans : après ce temps, il fera la fonction entière de président. Les lettres contiennent les dispenses d'âge nécessaires à un jeune homme qui n'a que 21 ans; il achèvera en septembre le 22e. Il a été reçu avec applaudissement, après avoir répondu sur la loi avec une satisfaction extraordinaire de Messieurs : il parle facilement le latin, et entend fort bien le droit. » En regard de ces paternelles effusions, plaçons l'appréciation du nouveau président donnée dans les *Notes secrètes sur le personnel de tous les parlemens et cours des comptes du royaume, envoyées par les intendants des provinces à Colbert, sur sa demande, vers la fin de 1663* (p. 114 du t. II de la *Correspondance administrative sous le règne de Louis XIV,* publiée par G.-B. Depping, 1851) : « De Marca, riche, capable et intelligent, mais ne va pas au palais, et ne peut pas travailler, à cause de ses incommodités. »

(2) Vol. 17783, fo 7.

IX

Monseigneur,

Le prieur des chartreux de Toulouse m'a donné avis par sa lettre du 3 de febvrier que feu Monsieur l'évesque de Coserans mourut le jour auparavant (1), de sorte que l'évesché vacant, il est necessaire d'y establir un œconome pour recueillir les fruicts, et avoir soin des maisons et des domaines. Je vous supplie, Monseigneur, d'en vouloir sceller les letres qui vous seront présentées de ma part, et de plus me faire la grace de parler à M. de La Vriliere (2) afin qu'il lui plaise de faire une nouvelle dépesche à Rome, en conséquence de mes brevets pour me faire pourvoir par mort; la première ne parlant que de la résignation, encore que Sa Majesté m'ait nommé par ses brevets en l'un et en l'autre cas.

Il ne resteroit pour avoir l'évesché libre que la décharge de la pension de trois mil livres qu'il vous pleut, Monseigneur, de faire arrester avant que l'on eut la pensée de m'envoyer en ce pais. Ce qui fait que je la prétends comme une chose promise, et non comme une récompense des services que j'ai rendus depuis. Elle pourroit estre assignée sur l'évesché de Pamiés, qui est joignant à celui de Coserans, puisqu'il n'est pas encore rempli (3). J'attends de vostre bonté cette grace ensuite de toutes les autres que vous m'avés départies, qui m'obligent à continuer de m'avouer, Monseigneur, vostre très humble, très obéissant et très obligé serviteur.

Marca.

A Barcelone, ce 15 febvrier 1645 (4).

(1) Bruno Ruade, qui avait été sacré évêque de Conserans le 10 mars 1624. L'abbé Monlezun (*Histoire de la Gascogne*, t. vi, p. 561) déclare qu' « on ignore l'année de sa mort. » On saura désormais que Bruno Ruade mourut le 2 février 1645. On a quelquefois fait mourir cet évêque en 1641 (*Gallia Christiana*, t. i, col. 1141). On peut voir dans la *Revue de Gascogne* (t. xv, 1874, p. 421-424) deux lettres de Bruno Ruade, l'une au comte de Césy, l'autre au cardinal de Richelieu.

(2) Louis Phelypeaux, seigneur de La Vrillière, né en 1598, conseiller d'Etat en 1620, secrétaire d'Etat en 1629, à la mort de son père, etc.

(3) L'évêché de Pamiers était vacant par la mort de Henri de Sponde depuis le 18 mai 1643.

(4) *Ibid.* f° 60. — Le 20 juin 1645, Marca (collection Baluze, vol. 104, f° 87, copie) écrivait à un religieux chartreux qui résidait à

Toulouse : « Je vous diray comme Dieu mercy je commence de me remettre d'une longue maladie et ma santé s'augmente tous les jours en une maison des champs près Barcelone que j'ay prise avec l'avis des médecins. Je suis marry des différentz que vous avez avec le chapitre de Coserans et croy que si vous pouvez sortir d'affaires par la douceur vous ne devez pas le refuser... Je leur ay mandé la mesme chose. » Deux jours plus tard, Marca (*Ibid.* fº 92) s'adresse en ces termes à Le Tellier : « Vous aurez appris par les deux courriers que M. le comte d'Harcourt vous a depeschez le passage de nos troupes au delà de la Sègre, avec la perte de 2.000 hommes des ennemis, la construction de nostre pont de bateaux faict ensuite au lieu de Camarasa, le passage d'une bonne partie de nostre armée, et la défaicte entière de l'arrière-garde de l'armée ennemie, où estoient leurs meilleurs officiers et soldatz, avec la prise de 2,000 d'entre eux et la mort d'un pareil nombre ou à peu près. On ne sauroit rien adjouster à la joye qu'a temoigné la ville de Barcelone pour cet heureux succès, laquelle a ordoné pour actions de graces que l'on feroit pendant trois jours trois offices solennels dans l'église cathédrale, avec trois prédications, où l'on représentera la protection puissante du Roy et de la Reyne et les obligations de la Catalogne envers Leurs Majestez. On tirera le canon chacun de ces trois jours sur le tard, et aux fenestres de chaque maison il y aura quantité de flambeaux et de lanternes pendant la nuict. Le 4ᵉ jour on fera par toutes les paroisses un service solennel pour ceux qui sont morts au combat, qui est un bon usage de ce pais, tiré du livre des Macchabées, lequel je n'ay point veu pratiquer en France. »

X

A Barcelone, le 29 d'aoust 1645.

Monseigneur,

L'on a plus de peine dans ce pais en la conduite des affaires qui sont un peu extraordinaires, que l'on ne pourroit se persuader, si l'on n'en voyoit l'expérience. Les provisions des benefices de cette province, que l'on expédie à Rome en faveur des Catalans du parti d'Espagne, feront foi de ce que je dis, puisque pour en empescher les effects, il a falu que j'aye disputé avec les officiers de l'Audience Royale, pour leur persuader de consentir à ce qu'ils desiroient, mais qu'ils n'osoient faire.

La relation de cette affaire est contenue en la lettre que j'escris à Son Eminence sur ce suject, dont la copie est cy joincte.

La matière des benefices me remet en mémoire mes interests (1), pour vous dire, Monseigneur, que si je ne suis pas assez heureux d'avoir quelque récompense pendant que je sers utilement, je pense que je dois renoncer à toute prétention après ma retraicte de ce pays. Mes désirs ne sont pas démesurés; puisque je les limite à quelque benefice qui me donne le moyen avec les dix mil livres du revenu de l'evesché de Coserans, de soustenir la dépense que doit faire un évesque : d'autant plus qu'il y a fort peu de prélats qui n'ayent des abbayes avec leurs éveschés. Ce sera lorsqu'il plaira à Son Eminence. Cependant je conserverai tousjours entière la mémoire des biensfaicts que vous avés departi à celui qui est,

Monseigneur, vostre très humble, très obéissant et très obligé serviteur.

MARCA (2).

(1) Marca avait-il donc eu besoin de cela pour se souvenir de ses intérêts?

(2) Vol. 17784, f° 117. Signalons, dans le volume 17778, diverses lettres à Séguier, notamment (f° 10) une lettre d'affaires, écrite de Barcelone le 24 octobre 1645 (touchant le sieur Drouin et le curé de Tourtouse), et (f° 39) une lettre, écrite de la même ville le 28 du même mois (touchant le sieur de Lacoste, chanoine de Lescar). Ce cousin-germain de Marca avait un procès contre un sieur Collongues, « qui prétend une chanoinie dans le chapitre de Lescar, » sur laquelle le sieur de Lacoste faisait pension « au sieur de Faget, aussi mon cousin-germain. » A la même affaire, fort compliquée, était mêlé le chanoine de Sorberio, frère d'un conseiller au parlement de Pau.

XI

Monseigneur,

La nouvelle du renvoi des affaires de Drouin (1) et du testament de feu M. l'evesque de Coserans, qui a esté faict par arrest du conseil au Parlement de Toulouse m'a tellement affligé que je prens la liberté de vous en porter la plainte. C'est exposer ce pauvre garçon à la rage de M. Marmiesse, qui le hait mortelement (2) à cause qu'il m'a servi en la résignation. Puisqu'ils ont eu la hardiesse de faire des actes faux contre moi et emprisoner les témoins qui devoient estre ouis par un intendant commissaire du conseil, qu'est-ce qu'ils n'entreprendront pas contre un misérable subject à la jurisdiction où ils règnent ? Cette considération est si raisonable que le prieur des chartreux m'avoit escrit qu'il consentoit à l'évocation du parlement de Toulouse.

J'ai aussi un grand interest en l'exécution du testament à cause des bastimens de Tourtouse (3) dont la moitié est léguée au curé du lieu, et à Drouin : en sorte que si il n'accommode ces choses avec eux l'habitation de l'évesque sera comme impossible dans ce lieu-là. Pour ces raisons j'avois désiré que les instances fussent retenues au conseil, pour avoir le temps d'accorder les parties, et pourvoir à mes intérests.

En tous cas je supplie très humblement, Monseigneur, vostre bonté, et réclame vostre justice, à ce qu'il vous plaise retirer ce misérable Drouin de la main de ses enemis, en évoquant le procès de Toulouse, le renvoyant à un autre Parlement, ou le retenant au Conseil.

J'attendrai cette grace de vous, puisque je suis, Monseigneur, vostre très humble très obéissant et très obligé serviteur.

MARCA.

A Barcelone, ce 21 de mars 1646 (4).

(1) Drouin, comme nous le verrons plus loin (lettre XV), était le valet de chambre de l'évêque Bruno Ruade.

(2) Ce Marmiesse aux haines mortelles serait-il, par hasard, Bernard Coignet de Marmiesse, docteur de Sorbonne, chanoine de Toulouse, agent du clergé (de 1645 à 1653), et successeur de Marca dans le diocèse de Conserans (de 1656 à 1680)? Ne s'agirait-il pas plutôt de Jacques Coignet de Marmiesse, baron de Lussan, successivement conseiller au parlement de Toulouse (1631), avocat général (1637), président (1654), mort en 1670?

(3) Aujourd'hui commune du département de l'Ariège, arrondissement de Saint-Girons, canton de Sainte-Croix. Le nom de cette localité a été ainsi défiguré par l'abbe Monlezun (ou par son imprimeur) dans la page déjà citée du tome VI de l'*Histoire de la Gascogne :* « Les bénéficiers de son chapitre ne voulurent pas se plier aux lois de la discipline ecclésiastique à laquelle il s'efforçait de les ramener, et lui suscitèrent de longs et graves embarras. L'évêque aima mieux fuir le champ de bataille; il se retira *à la commune de Tillouse,* dont il était seigneur, et où il fit bâtir un palais. Là, il retrouva le calme et la solitude qu'il avait laissés dans sa cellule. » M. Ad. Joanne (*Dictionnaire des communes de la France,* p. 2073) signale à Tourtouse les ruines d'*un ancien évêché* construit en 1636, ce qui pourrait cruellement embarrasser ceux qui, sur la foi de cette révélation, chercheraient l'ancien évêché de Tourtouse : il aurait fallu parler tout simplement des ruines d'une ancienne maison de campagne épiscopale.

(4) Vol. 17786, f° 101). Mentionnons deux lettres de recomman-

dation écrites à Séguier par Marca, de Barcelone, l'une le 22 janvier 1646, l'autre le 6 avril de la même année (vol. 17786, f° 56, 110) en faveur du sieur de Planterose, qui trouvait des empêchements au parlement de Navarre en sa réception à l'office de conseiller, et du docteur Martin, ambassadeur de la députation du principal de la cité de Barcelone. Le vol. 17785 (f° 108) renferme une petite lettre de Marca au chancelier, datée de Barcelone le 28 novembre 1646, dans laquelle il réclame le payement de ses appointements du conseil de 1644 et 1645. Une autre lettre du 5 décembre 1646 (f° 113) est tout entière consacrée à l'apologie d'un commis, nommé Guillot, qui était poursuivi comme complice des voleries d'un autre commis, le sieur Carlier.

XII

Monseigneur,

L'occasion que l'on me présente du consentement de l'evesque de Condom (1) pour une coadjutorie en ma faveur, m'a obligé de dresser le mémoire cy joint qui regarde mes intérests, dont j'ay envoyé autant à Son Eminence me promettant qu'elle m'accordera ce que je demande, ou qu'elle aura des pensées meilleures pour moi qui seront excitées par cette importunité que je lui fais. Il n'i a point de doute que si je pouvois estre bien pourveu proche de Paris avec les choses nécessaires pour y soutenir ma dignité, que je préfererois cet establissement à tous autres, pour avoir moyen d'y servir le public sy j'y estois utile, et principallement pour vous rendre, Monseigneur, les devoirs ausquels je suis obligé par l'excès de vostre bonté en mon endroict. Mais ces places sont si recherchées par des personnes qui sont en plus grande considération que je ne suis, que je m'estimerai assés heureux pourveu que Son Eminence saiche que je suis en vie, et que je persiste à l'inclination que je lui ai vouée de lui rendre mes très humbles services.

Je croi que ceux que j'ai rendus durant trois années en Catalogne sont assés remarquables, pour me donner la liberté de poursuivre quelque récompense qui tend à n'estre point gueux parmi l'opulence des autres évesques, et à estre pourveu en evesché ou en abbayes jusqu'à huict mil escus de revenu déduites les charges. Condom vaut cela, si l'on veut m'accorder la coadjutorie, mais ce n'est qu'en espérance. Cepandant je désirerois que l'on augmentat les appointemens que j'ay en ce pais de quatre mil escus, pour faire les douze mil que Son Eminence vous avoit promis, au commencement, qu'il me feroit bailler, lesquels sont maintenant nécessaires pour y continuer la despense avec le mesme esclat, parce que les denrées y ont encheri de la moitié, et la valeur des pistolles n'est acreue que d'un cinquiesme, et par ce moyen je pourrois continuer en Catalogne le service avec quelque satisfaction, jusqu'à ce que je jouisse actuellement de l'evesché de Condom, ou bien de quelques abbayes qui me donnassent le revenu de huit mil escus, avec les trois mil de l'evesché de Coserans.

Je ne me suis pas expliqué à Son Eminence touchant la continuation de mon emploi en ce pais, mais je vous déclare ma pensée, Monseigneur, afin qu'il vous plaise me rendre vos bons offices sur le contenu en mon mémoire, mesme sous cette condition; si je ne puis pas avoir le bien de m'approcher de Paris, quoique l'une grâce accordée n'empêchat pas qu'on ne peut me faire l'autre, lorsque Son Eminence le jugeroit à propos.

J'ay aussi dressé un mémoire sur l'estat et la conduite des eveschés de ce pais pendant la trève, et l'absence des évesques titulaires qui sont en Castille que je vous envoye. Il importe que dans le traitté on ne mette poinct de condition qui puisse préjudicier à ce dessein, de quoi je donne avis à Monsieur Le Telier, et lui envoye une copie de ce mémoire et une autre à Son Eminence.

Sur la prière que j'avois fait à Mons. Le Tellier de me faire payer des apointemens du Conseil de 1644 et 45 sur le fonds que je lui indiquois en ce pais, il n'a pas jugé à propos qu'il me fallut bailler cette assignation, mais il m'a promis de m'asister à m'en faire payer sur un autre fonds, de quoi j'ay chargé le sieur de Larré de le solliciter, et vous supplie, Monseigneur, d'agréer qu'il vous face souvenir de ma part de me faire la grace que je sois emploié sur l'estat de ceux qui doivent estre payés et recommandés en 1646.

J'ai parlé le 13 de ce mois aux consistoires de la députation et de la cité l'un après l'autre durant trois quarts d'heure à chascun, pour leur persuader, conformément au mémoire que le roi leur avoit envoyé, qu'ils devoient s'accomoder à la trève de trente ans que l'on traictoit à Munster. J'ay eu ce bonheur que de trois mil auditeurs, il n'en y a eu pas un, qui n'ait esté parfaictement satisfaict de mon discours, et qui ne l'aict préféré à ceux que les secrétaires d'Estat d'Espagne, et les évesques avoient faict d'autres fois aux mesmes lieux. Le succès a esté tel, qu'ils se remettent à la disposition de Sa Majesté pour faire la trève sans faire mention expresse que l'on recouvre auparavant les villes de Tarragone, de Lerida et de Tortosa, quoiqu'ils fussent tout à faict esloignés de ces pensées.

La conduite de Monsieur le comte d'Harcourt estoit entierement blasmée dans le mémoire de Sa Majesté, ce que je n'ai pas voulu répéter, pour n'offenser pas une personne qui vient de me promettre amitié suivant les ordres du roi, d'autant plus qu'il n'estoit pas nécessaire de renouveller ce discours qui avoit esté mieux entendu par les consistoires que tout le reste qui estoit contenu dans le mémoire, dont la lecture avoit esté faite deux jours auparavant que je parlasse à ces deux corps. C'est, Monseigneur, vostre très humble, très obéissant et très obligé serviteur.

Marca.

Barcelone, ce 24 février 1647 (2).

(1) Cet évêque était Antoine de Cous, qui siégea de 1616 à 1647.
(2) Fonds français 17623, f° 256. Originale, mais le nom seul de Marca y est écrit *proprio pugno*.

XIII

Monseigneur,

J'envoye à Monsieur Le Tellier ce qu'il avoit demandé il y a longtemps, sçavoir l'estat des biens confisqués et des personnes qui doivent estre récompensées.

La visite dont le Roi m'avoit envoyé le pouvoir a esté contredite par la députation à l'instance secrète du Régent et de l'advocat fiscal, sous prétexte que je n'estois point de la couronne d'Aragon. Je pense qu'il vaut mieux sursoir l'affaire, et que S. M. se serve du droict qu'elle a en ce pais de suspendre ou révoquer le bon plaisir, *el bene placito*, comme ils parlent, des officiers de l'audience, sans forme de procès, sur les avis justifiés qu'elle recevra du vice-roi et du conseiller d'estat que le Roi tiendra en ce pais, de quoi j'escris bien particulièrement a M. Le Tellier.

M. Gueffier (1) m'a escrit de Rome, que l'on examine de nouveau mon livre, pour marquer les propositions qu'ils désirent que je désavoue, et qu'en suite on veut expédier mes bulles. Nous verrons ce qui est de leurs intentions. Les miennes sont d'obéir à vos commendemens en qualité, Monseigneur, de vostre très humble, très obéissant et très obligé serviteur.

Marca.

Barcelone, ce 7 mars 1647 (2).

(1) C'était le résident de France à Rome. Il en est question dans les *Mémoires* du cardinal de Retz (sous l'année 1655). Plusieurs de ses lettres au comte de Brienne ont été publiées par M. R. Chantelauze dans le second volume de l'ouvrage intitulé : *Le Cardinal de Retz et l'affaire du chapeau* (Paris, 1878, p. 447-476).

(2) Fonds français, 17623, f° 258. Non autographe, mais originale, comme la lettre précédente.

XIV

Monseigneur,

L'amitié dont il vous a pleu m'honorer me donne la liberté de vous proposer l'estat des affaires de ma famille, pour recevoir les effects de vostre bonté, sur les difficultés qui s'y peuvent rencontrer. Elles ont esté neantmoins décidées en termes exprès par un arrest du conseil que vous avez donné en l'affaire du sieur Brosser, conseiller au parlement de Pau, qui s'estoit marié avec la sœur du sieur de Casaus, conseiller au mesme parlement (1). L'ordonance de Bearn ne permet point la réception d'un officier qui a un beau-frère dans le corps; mais vous avez jugé contre les remonstrances du parlement que depuis la réception, deux conseillers pouvoient devenir beau-frères par mariage de la sœur de l'un avec l'autre, l'ordonance ne parlant poinct de ce cas, et n'ostant point la liberté des mariages. Mon fils est receu en l'office de président, quoiqu'il ne face présentement que la fonction de conseiller. M. le président d'Esquille veut resigner son office de president à son fils et désire qu'après sa réception il se marie avec ma fille (2). Il m'a faict prier avec instance de consentir à ce mariage. En quoi je ne pense pas que le parlement trouve à redire après le préjugé du sieur de Brosser. Neantmoins je n'ay pas voulu m'engager en cette affaire, sans avoir apris de vous, Monseigneur, si je dois espérer en cette occasion la protection que vous avez donnée à un conseiller sur un semblable subject, de quoi je vous supplie très humblement de me donner avis par la voye de Monsieur de Priesac (3), lequel je prie de prendre soin de retirer cette response, et me le faire sçavoir en diligence.

Je suis tousjours, Monseigneur, vostre très humble, très obéissant et très obligé serviteur.

MARCA.

Barcelone, ce 15 mars 1647 (4).

P.-S. Je vous envoye la copie de la letre que j'écris par cet ordinaire à Monsieur de Fontenai, ambassadeur à Rome (5).

(1) Voir sur ce remuant magistrat, fils du premier président Jean de Cazaux, une note mise sous une des lettres déjà citées du président Bernard de La Vie (*Revue de Gascogne*, t. xii, p. 423).

(2) Ce mariage ne se fit pas. Pierre de Marca avait eu trois filles : l'une devint la femme d'Arnauld de Labarthe, vicomte de Rebenac; la cadette eut pour époux Jacques de Gontaut, seigneur d'Arros; la dernière se maria avec Pierre de Navailles, baron de Mirapeix, et fut la seule dont l'historien du Béarn eut des descendants. M Roschach (t. iv des *Mémoires* de l'Académie de Toulouse, p. 157, et t. xiii de l'*Histoire générale de Languedoc*, p. 319) a eu le triple tort de mettre le veuvage de Marca en 1642 seulement, de ne lui attribuer qu'une fille et de marier cette fille avec M. d'Esquilles.

(3) Daniel de Priézac, né au château du même nom, en Limousin (1590), fit ses études à Bordeaux, y professa le droit pendant dix ans, entra dans la maison du chancelier Séguier, fut nommé membre de l'Académie française en 1640 et mourut en 1662. Voir sur sa vie et ses œuvres une notice de M. René Kerviler, à la suite de la biographie du *Chancelier Séguier* (Paris, 1874, in-8°, p. 550-569). Marca et Priézac avaient été ensemble conseillers d'Etat, et leur liaison était des plus intimes.

(4) Fonds français, 17623, f° 260. Même observation que pour les deux lettres précédentes.

(5) François du Val, marquis de Fontenay-Mareuil, lieutenant général des armées du Roi, avait déjà rempli les fonctions d'ambassadeur en Angleterre, avant d'aller représenter deux fois la France auprès de la cour de Rome (1641 et 1647). Il mourut à Paris en octobre 1665, âgé de 70 ans environ.

XV

Monseigneur,

Le sieur de Marmiesse, pour se vanger contre Drouin, valet de chambre de feu Monsieur de Coserans, à cause qu'il lui avoit esté contraire en la prétention de la résignation, lui a faict un procès criminel à Toulouse au préjudice de l'instance retenue au Conseil, où l'accusation estoit instruite. Et de plus il appuye les chartreux en ce qu'ils veulent priver ce Drouin des legats (1) qui lui sont faicts par testament de feu M. de Coserans; le chapitre aussi a des pretentions contre les chartreux tant pour les frais faicts en l'instance du Conseil, que pour les réparations des églises et de l'evesché, où je puis avoir interest d'un costé ou d'autre. Cela m'oblige de vous supplier très humblement, Monseigneur, de vouloir évoquer ces instances, et les retenir au Conseil, pour y estre jugées sans soubçon, si je ne suis pas assez heureux d'accommoder les parties comme je desire. C'est, Monseigneur, vostre très humble, très obéissant et très obligé serviteur.

MARCA (2).

(1) Nous avons gardé dans le langage populaire de la Gascogne le mot dont se sert ici Marca pour désigner un legs. *Legat* était déjà employé dans ce sens au moyen âge par ceux qui parlaient la langue provençale.

(2) La lettre, qui ne porte point de date, est entièrement autographe et appartient au volume 17623 du Fonds français (f° 261). Une lettre du 26 juillet 1647 (même fonds, vol. 17787, f° 32) roule sur le changement des députés du principat de Catalogne. Marca donne à Séguier les détails les plus minutieux et dans ce récit éclatent son adresse et sa fermeté. Voici le dernier paragraphe de la lettre : « Mgr le prince [de Condé] a visité Flix et ensuite le camp de Taragone, où il a ordonné quelques travaux en divers lieux de cette belle plaine, pour s'asseurer de ce pais là avec les quartiers qu'il y a mis. Je crois que don Joan d'Austria, qui est dans la place, ne souffrira pas que l'on face ces fortifications à sa veue sans combattre. Si nous pouvions asseurer les postes, je pense que la conqueste en seroit plus utile que n'eust esté la prise de Lérida. » L'ordre chronologique aurait voulu que j'eusse mentionné plutôt une lettre adressée de Barcelone à Séguier, le 12 juin 1647 (*Ibid.* f° 10), où Marca prie le chancelier de renvoyer en un autre Parlement que celui de Bordeaux l'affaire de M. de Loyard, conseiller au Parlement de Navarre. Voici la dernière des objections présentée par Marca : « Outre que le Parlement de Bourdeaux est incompétent, voulant s'attribuer la cognoissance de la reddition des comptes de la maison de Bensin, qui est du ressort de Bearn, et appartient en première instance au juge d'Ortez. » Je reproduis un petit billet à Le Tellier, du 18 septembre 1647 (collection Baluze, vol. 104, f° 542) : « Monsieur, je me donne l'honneur de vous faire ces lignes pour vous donner avis que je suis sans fievre depuis dix jours et en estat de convalescence, après une rude maladie qui commença le 8 d'aoust. Mes forces s'augmentant, j'aurai moien de continuer mes services et de vous témoigner en particulier que je suis, etc. » Dans le vol. 103 de la même collection (f° 133), je recueille une lettre de Marca sans date, mais placée au milieu de lettres de 1641. En voici les premières lignes : « Monseigneur, le college des Peres jésuites de Pau a esté fondé par le feu Roy avec permission d'accepter les legats que l'on voudroit faire en sa faveur, ce qui donna subject au sieur de la Fitole, gentilhomme de Bigorre, de lui laisser ses biens par deux testaments à la charge d'entretenir sept enfans pendant sept années et les élever en la piété et aux lettres. Mais le frère aisné du défunt s'est maintenu

dans la possession en vertu d'un faux testament qu'il a supposé. »
Marca insiste auprès du chancelier pour que l'affaire soit renvoyée
du Parlement de Toulouse au Parlement de Pau.

XVI

Monseigneur,

Puisque je recognois que mon absence m'est beaucoup préjudi-
ciable, et que vous avés la bonté de me continuer vostre protection,
je m'adresse à vous pour vous supplier de me faire réparer le tort
que M. de Mauroi, intendant des finances (1), m'a faict, au retranche-
ment de mes appointemens que j'ai sur l'estat de Bearn. La mena-
gerie (2) n'est pas si grande pour le Roi, qu'il me faille faire une injustice : et pour restablissement il n'est besoin que d'une ordonnance
pour l'année courante et de m'employer sur l'estat pour l'année 1648.
Je joins un mémoire à cette lettre, afin qu'il vous plaise me faire la
grace de le recommander audit sieur de Mauroy.

Le Pape (3) n'ayant point tenu consistoire pendant le mois de
novembre, ma préconisation n'a peu estre faite, quoyque Sa Sainteté
ait donné le mémoire à celui qui est chargé de le faire.

Je suis tousjours avec respect, Monseigneur, vostre très humble,
très obéissant et très obligé serviteur.

Marca.

A Barcelone, ce 24 décembre 1647 (4).

(1) Ce *M. de Maurci* est plusieurs fois mentionné, à propos de
questions financières, dans les *Lettres et papiers d'Etat du cardinal
de Richelieu*, publiés par M. Avenel. Voir, au tome viii du recueil,
la page 468 de la *Table alphabétique*.

(2) C'est-à-dire économie. Le mot a été employé avec cette accep-
tion par Michel de Montaigne, et l'on connaît le titre donné par
Etienne de La Boëtie à la traduction du traité de Xénophon : *la Mes-
nagerie* (Paris, F. Morel, 1571, in-8°).

(3) Innocent X, élu le 15 septembre 1644, mort le 7 janvier 1655.

(4) *Ibid.*, vol. 17787, f° 128.

XVII

Monseigneur,

Je n'ay peu demeurer un moment dans le soubçon si Son Eminence avoit quelque degoust contre moi, sans me metre dans le de-

voir de lui satisfaire, par la lettre que je luy escris par cet exprès, qui est le sieur Dupin, mon secrétaire.

Je joins à celle cy la copie de cette letre là (1), et de celle que j'escris à Monsieur Le Telier (2), vous suppliant très humblement d'avoir la bonté de les considérer, et de m'honorer de votre protection en cette rencontre. Je crains l'humeur de Monseigneur le cardinal de Ste Cécile (3), et d'avoir quelque facheux rencontre (4) avec S. E. à cause de l'inégalité dont il me traicte, tantost avec familiarité et confiance, tantost avec indiférence et jalousie du crédit que j'ai en ce pais : quoiqu'il me face honneur pour ce qui regarde ma personne. Cela devroit m'obliger à rechercher l'occasion de sortir de ce pais, et d'autre costé, ma demande peut estre mal interpretée, comme si je ne pouvois souffrir un supérieur de cette condition, et rechercher les moyens de lui estre agréable, mesmes en considération de Monseigneur le cardinal Mazarin.

D'ailleurs un long séjour parmi des peuples si farouches, me cause du dégoust, et il me semble que mon absence de la Cour me nuit aux prétentions que j'ai de recevoir quelque récompense proportionnée à mes services. Mais d'autre part je crains qu'estant hors d'occasion de les continuer, on oubliera ceux que j'ai desja rendus, puisqu'on ne les considere pas mesme, lorsque je suis dans l'action. Ce balancement de raisons m'a faict prendre le parti de metre dans la letre de Monsieur Le Telier, que je desire de continuer à servir ici pour quelque temps, jusqu'à ce qu'on ait pris l'occasion de me récompenser. Si l'on veut me rappeler, on ne pourra pas dire que c'est pour me faire plaisir; et cela n'entrera pas dans la récompense. L'occupation pour le service du Roy est une cause légitime pour dispenser quelque temps de la résidence.

Si l'on m'eut donné l'evesché de Rodez (5), je pouvois continuer le service pour un an, et me retirer après avec honneur. Car quoi que l'on me veuille donner, il m'importe d'en estre jouissant, avant que d'estre privé des appoinctemens dont je jouis, qui me baillent le moyen de subsister.

Monseigneur le cardinal de Ste Cécile m'a dit deux ou trois fois qu'il avoit escrit à Son Eminence qu'il vouloit se démetre de son archevesché d'Aix, pour raison de la résidence, et qu'il luy demandoit vingt mil livres en abbayes, et luy proposoit ma personne pour cet archevesché, qu'il faisoit du revenu de 28 ou 30 mil livres. Ce revenu est petit pour un archevesché, qui est dans une ville de Parlement, et de dispense. Si Son Eminence agréoit cette ouverteure, je ne m'en esloignerois pas (6), espérant qu'il luy plairoit me faire aussi la grace de faire le don de l'evesché de Coserans pour mon cousin germain l'abbé de Faget, avec une réserve de pension pour moi (7).

Je vous explique mes pensées, Monseigneur, comme à celuy qui m'a tousjours honoré de son amitié et de sa protection, afin que là dessus elle prene pour moi les conseils que je dois suivre, le suppliant très humblement de croire que je serai tousjours reconnoissant des bontés que vous avez pour moi qui serai toute ma vie, Monseigneur, vostre très humble, très obéissant et très obligé serviteur.

MARCA, E. de Coserans.

A Barcelone, le 14 d'avril 1648.

Monseigneur, l'impatience que j'ai d'avoir l'honneur de vous faire la reverence me faict souheter la permission d'aler à Paris pour mon serment, à la charge que l'on me continue mes appointemens sur l'estat d'ici, et que la letre du roi en soit chargée : ofrant de revenir de deça pour y servir en attendant la récompense qui m'a esté promise (8).

(1) On trouvera la copie de la lettre à *M. le cardinal,* datée du 14 avril 1648, dans le volume 17389, f° 91.

(2) Voir la copie de la lettre à *M. Le Tellier,* portant aussi la date du 14 avril 1648, dans le même volume, f° 90. J'en extrairai ce passage : « Au reste il m'importe beaucoup de sçavoir comment est-ce que je me dois gouverner après l'expédition de mes bulles. Vous sçavez, Monsieur, que sans attendre la permission de Sa Majesté, je puis me faire consacrer évesque, comme j'espère de l'estre bientost, et de prendre possession de l'evesché, pour l'exercice de la juridiction spirituelle. Mais avant que de jouir des revenus, il faut que je preste en personne le serment de fidélité à Sa Majesté et qu'ensuite j'obtienne un arrest du Conseil, qui ordone à l'œconome des revenus de l'evesché, de m'en rendre le conte, et prester le reliqua, cela suffisant, sans autres lettres adressées à la chambre de comptes de Paris, suivant l'usage observé jusqu'à présent, à cause que cet evesché aussi bien que les autres de la province d'Aux, est en possession de la Régale. »

(3) C'était Michel Mazarin, né à Rome en 1607, archevêque d'Aix, vice-roi de Catalogne, le frère du ministre. Il avait été nommé cardinal du titre de Sainte-Cécile en 1647, et il allait mourir le 2 septembre 1648. Plusieurs des écrivains qui, de notre temps, ont rencontré sur leur route, dans tels et tels de leurs ouvrages, le cardinal de Sainte-Cécile, n'ont pas reconnu en lui le cadet du cardinal Mazarin.

(4) *Rencontre,* au xviie siècle, était, comme au xvi° siècle, masculin aussi bien que féminin, et si Pascal, en ses *Provinciales,* emploie le mot au féminin, le cardinal de Retz, en ses *Mémoires,* l'emploie au masculin.

(5) L'évêché de Rodez, alors vacant par la mort toute récente de Charles de Noailles (27 mars 1648), ne tarda pas à être donné (mai 1648) à Hardouin de Péréfixe, le successeur de Marca sur le siège archiépiscopal de Paris.

(6) Ce fut Jérôme de Grimaldi qui, après la mort de Michel Mazarin, obtint l'archevêché d'Aix (20 septembre 1648).

(7) Dans une lettre à Le Tellier, du 27 juin 1646, citée par M. Roschach, Marca, après avoir réclamé pour lui-même l'abbaye bénédictine de Saint-Vincent de Luc, au diocèse d'Oloron, vacante par la mort de l'évêque de ce diocèse, ajoute : « Le feu seigneur evesque etait aussi pourvu d'une autre petite abbaye de N.-D. de Sauvelade au diocèse de Lescar, du revenu de 6 ou 700 livres. C'est la plus petite abbaye de France, de laquelle j'ose vous supplier de vouloir demander le don pour le seigneur de Faget, mon cousin germain, qui m'assiste en ce pays, en beaucoup d'occasions. Il serait pour lors effectivement l'abbé de Faget, au lieu qu'il n'en a maintenant que le nom, et aurait l'entrée dans les états de Bearn, où il pourrait servir S. M. »

(8) *Ibid.,* vol. 17789, f° 89.

XVIII

Monseigneur,

Depuis que je suis pourveu de l'evesché de Coserans, je suis obligé de prendre cognoissance des droits qui lui appartiennent, et de les conserver. Ce qui m'oblige à vous supplier très humblement de m'accorder la rétention au Conseil d'une instance que les Chartreux ont formée contre Drouin, qu'ils veulent faire renvoyer à Tolose, pour y opprimer ce pauvre homme par l'auctorité de M. de Marmiesse, en haine de ce qu'il m'a servi en la résignation de l'evesché, comme aussi je vous supplie, Monseigneur, de m'accorder des lettres d'estat pour ceste instance, afin que j'aye loisir de me faire informer pleinement de tous mes intérests, et surtout me faire la grace de croire que je suis, Monseigneur,

Votre très humble, très obéissant et très obligé serviteur.

MARCA, e. de Coserans.

A Barcelone, ce 29 d'avril 1648 (1).

(1) *Ibid.* Vol. 17389, f° 112.

XIX

Monseigneur,

Je suis tellement obligé à la mémoire de feu M. Maran, professeur des droicts en l'Université de Tolose (1), que je ne fais pas difficulté de vous faire une très humble prière en faveur de M. Maran, son fils, aussi professeur et archidiacre en l'église métropolitaine (2). Le père a servi eu sa charge trente-huict années (3), et le fils vingt-sept. Il a depuis six ou sept ans l'archidiaconé, que ses envieux prétendent estre incompatible avec la régence, ce qui n'est pas véritable, et en tout cas ne peut avoir lieu en sa personne, à cause que la possession de vingt années le maintient dans toute l'étendue de cette charge, à plus forte raison un temps de vingt-sept, outre la tolérance que l'on a eue durant six ans qu'il ait possédé les deux emplois.

C'est pourquoi je vous supplie très humblement, Monseigneur, de lui accorder les lettres de dispense qui lui seroient nécessaires, avec interdiction au parlement d'en cognoistre parce que c'est de là d'où procèdent les troubles lorsqu'il ne veut pas opiner au gré de ces messieurs.

Je suis tousjours, Monseigneur, votre très humble, très obéissant et très obligé serviteur.

MARCA, e. de Coserans.

A Narbone, ce 27 d'octobre 1648 (4).

(1) Guillaume Maran, mort en 1621, à l'âge de 72 ans, fut un des plus érudits professeurs de l'école de droit de Toulouse, école où de tout temps ont brillé les éminents jurisconsultes. Voir sur G. Maran mes *Lettres Toulousaines* (Auch, 1875, in-8°, pp. 15-17 et surtout 25-27). Le *Moréri* de 1759 rappelle que si G. Maran fut un disciple de Cujas, il eut lui-même des disciples aussi remarquables que Pierre de Marca, François Bosquet, François Florent, Innocent de Ciron « et beaucoup d'autres qui lui ont fait honneur. » On aime à trouver dans la lettre de Marca le témoignage du souvenir reconnaissant qu'il gardait de son ancien professeur.

(2) Voir sur Maran fils, qui fut un ami d'Etienne Baluze, les *Lettres Toulousaines* (pp. 15-16). On retrouvera le père et le fils dans un futur travail intitulé : *Les correspondants Toulousains de Peiresc.*

(3) Le rédacteur de l'article déjà cité du *Moréri* ne se trompait donc pas en déclarant que Maran « enseigna le droit à Toulouse pendant près de quarante ans. »

(4) *Ibid.* Vol. 17390, f° 131. Marca était venu à Narbonne pour y recevoir la consécration épiscopale. F. Bosquet, évêque de Lodève, écrivait de Narbonne le 26 octobre 1648 à Séguier (Fonds français 17362, f° 131) : « Monseigneur, hier, M. l'évêque de Conserans feut sacré en ceste ville par M. l'archevesque et évesques de Béziers et d'Alet, et s'en retourne demain à Barcelonne. Les cérémonies de cette action ont obligé mes parens et amis, mesme MM. les archevesque et évesques conprovinciaux de desirer que mon sacre feut fait en la mesme église, suivant les canons anciens, et en dernier lieu conformément au décret du Concile de Trente. »

XX

Monseigneur,

Un avis que je viens de recevoir de Béarn m'a paru assez important pour vous en faire part, et prendre de là l'occasion de supplier très humblement vostre bonté d'admetre ma résignation en faveur de mon fils de la charge de conseiller d'estat près des gouverneurs de sa province. On m'escrit que M. de La Vie, advocat général à Bourdeaux, pourveu de l'office de premier président de Navarre, estoit arrivé à Pau, pour conclure le marché de cet office avec M. le président de Gassion, que celui-ci traictoit du sien de président avec M. de Casaus, son ancien enemi, par succession de père à fils : à quoi il se portoit pour l'engager à ses interests; en conséquence mesme d'un mariage, que M. de Gassion concluoit, de sa fille, avec le fils du baron de Monein, oncle de la femme de Casaus (1).

Je prévoi qu'avec son argent, sa nouvelle alliance qui est fort puissante, et avec l'office de premier président y joignant l'evesché d'Oloron que son frère possède (2), il sera maistre de ce quartier là, sans opposition. En quoi je ne voudrois point témoigner avoir aucun intérest, si je ne savois que la religion catholique en soufrira beaucoup, à cause qu'il est tenu dans le Béarn pour huguenot. Cette opinion est fondée sur ce qu'après avoir faict son abjuration de l'hérésie pour estre pourveu de l'office de président sur la résignation de son père, il continua après l'expédition de ses letres d'aller au presche. Ce qui obligea le feu Roy d'envoyer un courier exprès, avec des letres patentes, pour sursoir l'exécution de toutes provisions, faictes sur résignation. Il revint à la messe, après que les ministres de Pau et les anciens eurent consulté l'affaire, et conclu qu'il pouvoit faire profession extérieure de catholique, moyennant qu'au dedans il conservat la foy huguenote, avec dessein de l'avancer avec l'auctorité de sa charge, à quoi il a servi autant qu'il a peu jusqu'à présent, et le fera sans doute plus puissament avec l'auctorité de premier président (3).

Je pourrois aller au devant de ce traicté, en donnant une prorogation de quatre années d'exercice à M. de La Vie le père, qu'il estimeroit d'autant plus honorable, qu'elle lui seroit octroyée sans la demander; et sur cela, l'on pourroit refuser d'admetre la résignation du fils. J'écris de cette matiere à M. le mareschal de Gramont (4), afin qu'il face instance pour cette prorogation, d'autant qu'il est ami de M. de La Vie père, et ne l'est point de M. de Gassion. Il me suffit d'avoir découvert le mal, et indiqué le remède, n'estant pas juste que j'attire sur ma maison une querele, pour servir le roi et la religion, en me déclarant partie, puisque l'on peut éviter le domage sans cela.

Cette affaire m'a renouvellé la pensée de ce qui touche mes intérests, m'ayant remis en mémoire l'instance que me fit M. le mareschal de Gramont estant ici, de faire pourvoir mon fils de la charge de conseiller d'Estat, afin que de là il peut prendre occasion de traicter les choses des estats de Béarn et de Navarre sans l'intervention de M. de Gassion.

C'est pourquoi je vous supplie très humblement, Monseigneur, me faire la grace de faire expédier les provisions de cette charge, en faveur de mon fils suivant la minute que j'ai envoyée au sieur Larré, mon agent, et je crois qu'après le seau M. du Plessis ne fera pas difficulté de les signer, comme je l'en supplie par letre.

Je suis obligé de vous avertir, Monseigneur, que M. de Casaus avoit prétendu cette charge comme vacante par le décès de son père. Mais elle avoit vacqué auparavant par sa promotion à l'office de premier président de Pau, et avoit esté donnée à feu M. Colomiès, conseiller à Pau (5), par le décès duquel j'en fus pourveu. Néantmoins Monsieur le comte de Brienne ayant voulu favoriser ledit sieur de Casaus (6), pour le faire pourvoir d'une charge de conseiller d'estat de Navarre, dont le nombre n'estoit pas limité, désira que je ne l'empeschasse point, moyennant une déclaration du roi, qui fut signée et scellée, qui porte que ma charge de conseiller d'estat est la seule qui est destinée pour servir Sa Majesté près les gouverneurs de Navarre et Béarn, en ce qui touche toutes les affaires du gouvernement, conformément à laquelle déclaration j'ai faict cette charge, à l'exclusion du sieur de Casaus, et de tout autre, et ensuite j'ai obtenu de vous, Monseigneur, une semblable déclara-

tion et des arrêts du Conseil, à l'occasion de l'intendance et de
M. de Gassion.

Il pourroit arriver sous prétexte de mon absence et du changement de ma condition, que le sieur de Casaus, ou quelque autre, pourroient prétendre ma charge, ou son emploi, ce que je vous supplie, Monseigneur, d'empescher, et me favoriser en l'expédition des provisions pour mon fils.

On croit que M. le vice-roi de ce pais (7) obtiendra le congé qu'il demande. Il a mis cette province en une confusion qui ne peut estre expliquée, par la dissipation générale qu'il a faicte des biens confisqués, sans considérer ni les mérites des persones, ni la valeur des choses qu'il a données, évitant sur toutes choses de communiquer avec moi des affaires de la province (8). C'est une personne d'assez bon esprit, et qui raisone bien, mais qui ne prend aucune résolution que celle que son secrétaire, ou le régent de Catalogne lui donent. Celui-ci a dessein de mettre tout en confusion, pour se rendre nécessaire d'un costé ou d'autre.

Je pense que je serai assez malheureux pour n'estre pas considéré aux demandes d'éveschez que j'ai faictes (9). Mais je serai toujours avec respect et fidélité, Monseigneur, votre très humble. très obéissant et très obligé serviteur,

Marca, e de Coserans.

A Barcelone, ce 10 de novembre 1698 (10).

(1) Le mariage dont Marca s'inquiétait ne se fit pas. et les quatre filles du président de Gassion épousèrent, l'aînée, Marie, le marquis d'Amon, lieutenant-général au gouvernement de Guyenne; la seconde, Madeleine, Jean-Baptiste-Gaston de Monlezun, marquis de Saint-Lary; la troisième, Jeanne, Antonin du Pont, premier président de la chambre des comptes de Navarre; la quatrième, Esther, Henri, marquis de Poudens, brigadier des armées du roi.

(2) Pierre de Gassion, abbé de Saint-Vincent de Luc, nommé évêque d'Oloron en 1647, mort le 24 avril 1652.

(3) Les historiens, les biographes avaient-ils déjà connaissance du pseudo-catholicisme du président de Gassion? Du moins ne possédait-on pas, en tout cas, sur le huguenotisme caché du célèbre magistrat des détails aussi précis, aussi curieux que ceux qui sont dévoilés ici par son collègue. Il est piquant de rapprocher de ce que Marca raconte de la religion du fils, ce que Tallemant des Réaux a raconté de la religion du père (*Historiettes*, t. IV, 1855, p. 176) : « Comme il estoit huguenot, on luy disputa cette place, qui luy appartenoit par ancienneté; mais il s'avisa d'un bel expédient. Un dimanche, estant

party de chez luy pour aller au presche, au lieu d'y aller il alla à la messe, en disant : *N'y a-t-il que cela à faire?* Mais il ne continua pas, et n'alloit ny à presche ny à messe. Son fils aisné [Jean, marquis de Gassion,] le suivit, et possede encore aujourd'huy cette charge. »

(4) Antoine de Gramont était alors âgé de 44 ans. Il avait reçu le bâton de maréchal en 1641 et il fut nommé duc et pair en ce même mois de novembre 1648 où Marca réclamait son intervention dans l'affaire de la première présidence du Parlement de Pau. Je publierai bientôt quelques lettres inédites du maréchal de Gramont.

(5) Ce Colomiès appartenait à la famille qui, transplantée à La Rochelle, nous a donné l'érudit Paul Colomiès, lequel revendique ainsi son origine gasconne *(Colomesiana,* Amsterdam, 1740, à la suite des *Scaligerana, Thuana,* etc., t. ii, p. 627) : « Dans la Gascogne du côté de Toulouse, j'apprends qu'il y a eu et y a encore aujourd'huy plusieurs familles assez considérables du nom de Colomiès. Le président Gramond, dans son *Histoire de France* (p. 448), parle avec éloge d'un M. de Colomiès qui commandoit pour le roi au siège de Montauban. Dans le Béarn, le plus ancien que je trouve qui ait porté le nom de Colomiès est un juge d'Oleron, loué par Olhagaray dans son *Histoire de Navarre* (p. 552). La maison de Colomiès en Bearn (d'où je suis sorti) porte de gueules, au château sommé de trois tours d'argent. »

(6) J'ai déjà cité *(Revue de Gascogne,* t. xii, p. 423) une lettre du comte de Brienne au chancelier Séguier, du 13 juin 1649, en faveur de M. de Cazaus. Cette lettre, où le comte de Brienne se montre aussi ardent adversaire de la maison de La Vie que protecteur dévoué de la maison de Cazaus, appartient au volume 17392 du Fonds français.

(7) Nous avons déjà vu que c'était l'archevêque et cardinal Michel Mazarin.

(8) Si Marca ne juge pas très favorablement le frère du premier ministre, on ne s'en étonnera pas, quand on aura lu ce passage de M. Roschach *(Histoire générale de Languedoc,* t. xiii, p. 319-320): « Le cardinal de Sainte-Cécile, qui jouissait d'une grande influence en Espagne et qui vivait avec lui en très mauvaise intelligence, le prétendant homme de lettres éminent, mais incapable aux affaires politiques, s'était absolument refusé à le sacrer, comme il le désirait, dans l'abbaye de Montserrat, bien que le délai déterminé par le Concile de Trente pour le sacre des évêques, à dater de la réception de la bulle, fût à la veille d'expirer. »

(9) Voir, sur les incessantes demandes d'évêchés faites inutilement par Marca, les ironiques et piquantes observations de M. Roschach *(Mémoires de l'académie de Toulouse,* t. iv, p. 153-155). Ces observations n'ont pas été reproduites dans le t. xiii de l'*Histoire générale de Languedoc.* On conserve dans le volume 105 de la col-

lection Baluze (f° 5) un placet de Marca adressé au roi à l'occasion du moulin de Pau (qui est de 3,400 livres de ferme, suivant les procès-verbaux envoyés au Conseil par la chambre des comptes de Navarre, et qui a été adjugé au sieur de Casaus par arrêt du Conseil du 8 juin 1644 à titre de *fiefvement pour 300 livres de cens annuel*). Voici l'analyse de cette pièce : Marca supplie très humblement qu'il plaise à Sa Majesté lui accorder, en considération de ses services, les cinq années pendant lesquelles le sieur de Casaux devait garder cette jouissance allant être bientôt écoulées, ladite jouissance du moulin, qui accommode sa maison. Il supplie aussi Sa Majesté de lui fournir le moyen de s'entretenir avec la dignité que sa condition désire, et pour cet effet lui faire don de quelque abbaye considérable, pour avoir, avec le revenu de son évêché de Conserans, qui est de 10,000 livres, jusqu'à 25,000 livres de rente quittes de toute charge. Ou bien, si Sa Majesté gratifie, comme l'on dit, l'évêque d'Aire de l'évêché d'Evreux, Marca ne refuserait pas l'évêché d'Aire, qui est de 15,000 livres, à une journée de sa maison, et lui permettre de retirer récompense ou bénéfices de son évêché de Conserans. Ou, en tous cas, lui destiner le premier archevêché ou évêché de bon revenu qui viendra à vaquer en Languedoc ou en Guyenne ou près de Paris. Marca termine en disa: t que « son âge de 55 années [ce qui nous met en 1649] et ses travaux dans l'estude et le service de Sa Majesté » ne lui permettent pas « d'attendre plusieurs vacations, son éloignement lui estant le moien d'en estre averti. »

(10) Je ne retrouve pas l'indication de la provenance de cette lettre, mais je puis affirmer qu'elle est tirée d'une des collections de la Bibliothèque nationale.

XXI

Monseigneur,

La nouvelle du recouvrement de votre santé m'ayant esté donnée, avant que j'aye apris l'indisposition, m'a causé une joye toute pure, sans aucun mélange de tristesse, que j'eusse ressenti extrèmement, si la maladie m'eut esté cogneue.

Nous sommes en peine dans cette province pour appaiser les peuples de la campagne, qui ne veulent point soufrir les logemens des gens de guerre, à cause qu'ils ne sont point satisfaicts des avances qu'ils ont faictes les quatre mois derniers; et qu'ils se persuadent qu'on n'aura point commodité d'envoyer de l'argent de deça, à cause des désordres de Paris (1).

Estant nécessaire d'apporter un règlement en l'exercice de la charge de vice-roi, j'ai dressé une minute de l'arrest qui peut estre donné conformément à la practique des vice-rois espagnols, et suivant les termes de leurs titres, qu'ils appellent privilége. J'ai adressé le tout à M. Le Telier, et vous envoye une copie tant de cette minute, que de la letre que je lui escris, vous suppliant me faire l'honneur de croire que je suis tousjours, Monseigneur, vostre très humble, très obéissant et très obligé serviteur.

MARCA, e. de Coserans.

Barcelone, 13 janvier 1649 (2).

(1) Les désordres de la Fronde avaient commencé en août 1648 et avaient tout d'abord failli coûter la vie au chancelier Séguier (27 août). Rappelons que Louis XIV avait été obligé de quitter sa capitale, le 6 janvier 1649, et avait dû, en même temps, donner l'ordre au Parlement de se transporter à Montargis. Le jour même où Marca écrivait la présente lettre, ce même Parlement, qui déjà, par un arrêt du 8 janvier, avait déclaré le cardinal Mazarin *ennemi de l'Etat*, confisqua, par un autre arrêt, tous les biens de cet *ennemi*.

(2) *Ibid.*, vol. 17623, fº 271.

XXII

Monseigneur,

J'eusse esté en peine de vostre santé, si je n'eusse creu que vostre indisposition mentionée dans la réponse de la reine aux deputés du parlement devoit servir de prétexte pour leur répondre par escrit (1). J'ai remarqué la malice extrème et la haute trahison de ceux qui ont produit l'envoyé de l'archiduc, par le moyen de la réponse de Sa Majesté qu'il estoit nécessaire d'envoyer comme l'on a faict par tout le roiaume, pour faire détester aux gens de bien ces ames désespérées et abandonnées à la rage qui les porte à vouloir ruiner leur propre patrie (2). J'espère que Dieu favorisera le Roi dans une occasion si pressante qui est celle d'une guerre domestique et étrangère tout ensemble.

Je vous ai adressé, Monseigneur, par M. de Chateauroi, lieutenant-colonel du régiment de Montpouillan, et gouverneur de Palamos, un paquet du 10 de ce mois de mars, où il y avait six copies d'un project de règlement pour contenir les parlements dans les termes de leur pouvoir, et les obliger de rendre conte de leurs actions à Sa Majesté. Dans le soubçon que j'ai si cette dépêche auroit esté interceptée par ceux de Paris, comme a esté celle que j'avois escrite à Monsieur Le Telier du 27 de février, je serois fort satisfaict s'il vous plaisoit me faire sçavoir si elle estoit parvenue entre ses mains.

Je vous supplie me faire l'honeur de me continuer vos bonnes graces, puisque je suis tousjours, Monseigneur, votre très humble, très obéissant et très obligé serviteur.

MARCA, E. de Coserans.

A Barcelone, ce 15 de mars 1649 (3).

(1) Nous lisons dans le *Chancelier Pierre Séguier*, de M. R. Kerviler (p. 265) : « Les députés [du parlement] furent reçus à Saint-Germain, le 26 février [1649]. Le chancelier était malade : un secrétaire d'Etat leur expliqua les instructions de la reine. »

(2) A-t-on jamais plus vigoureusement condamné les menées des factieux de 1649 ?

(3) Même observation au sujet de la provenance de cette lettre, qu'au sujet de la provenance de la lettre xx. Voir la note 10 de cette dernière lettre.

XXIII

Monseigneur,

Le mémoire ci-joinct vous fera entendre une ouverture que mes amis m'ont faicte, d'un mariage pour mon fils en ce pais de Catalogne. J'ai creu que j'estois obligé de remetre toutes choses à vostre jugement, et à la bonté que vous avez pour moi, de laquelle je me promets les soins qu'il faut pour les expéditions que je demande, ou le refus, si vous le jugez plus avantageux pour mes intérests (1). Je vous supplie, Monseigneur, d'agréer la liberté que je prens de m'adresser à vous en cette occasion, et de croire que je suis, etc.

A Barcelone, ce 17 de juillet 1649 (2).

(1) Voici quelques lignes de M. Roschach qui expliquent à merveille (*Mémoires* déjà plusieurs fois cités de l'Académie de Toulouse, p. 159) ce qu'il y a d'obscur dans cette petite lettre : « Quelques-unes des demandes que lui suggère la sollicitude paternelle ne sont pas toujours marquées d'une parfaite délicatesse. C'est ainsi que, songeant à marier son fils avec dona Maria de Queralt, fille du comte de Sainte-Colome, gentilhomme catalan, dont le fief, portant vingt-quatre mille livres tournois de rente, avait été confisqué par le roi de France avec espoir de restitution à la paix, il priait Letellier *(sic)*,

4

par un Mémoire secret, de donner le comté au futur époux, sans attendre la décision d'un procès qui existait entre la jeune espagnole et son frère en matière de substitution, et il ne craignait pas de recommander au ministre une supercherie de son invention pour faire miroiter aux yeux de la famille catalane l'ancienneté d'un marquisat de Marca qui n'avait jamais existé. »

(2) *Ibid.*, vol. 1734, fo 21. Suit (fo 22) une lettre de Galatoire de Marca, également écrite au chancelier (Pau, 17 juillet 1649), au sujet de l'affaire du moulin de cette ville. Le 14 juillet précédent, Pierre de Marca avait adressé, touchant la même affaire (*Ibid.*, fo 17), ces mots à Séguier : « Ayant apris par une letre de M. Tonnier, commis de M. Du Plessis, secrétaire d'Estat, que vous aviez la bonté de vouloir faire arrester au conseil un estat de dépense jusqu'à la concurrence de soixante mil livres, pour me faire rembourser de cette somme sur la survaleur du moulin de Pau, en remboursant les quarante mil livres, j'ay dressé un estat que j'ai fondé sur des raisons fort apparentes. J'ose vous suplier, Monseigneur, de continuer vostre bonté en mon endroict, afin d'achever l'affaire. »

XXIV

Monseigneur,

Ayant apris par les letres de M. le premier président de Pau (1) que Sa Majesté désire qu'il continue l'exercice de sa charge, j'ai creu que la condition qu'il propose pour satisfaire plus efficacement à cet ordre du jour, est fort raisonable. Il demande que les récusations qui ont esté jugées contre lui par cabale, hors les termes des arrests du conseil, qui les restraignent à la parenté ou à l'intérest, soient révoquées. Vous avez desja ordonné sur ces choses, Monseigneur, en sorte qu'il n'est question que pourvoir sur les contraventions aux arrests qui ont esté donnés. Je joins mes prières à celles de M. le premier président qui continuera de servir Sa Majesté avec satisfaction, s'il est déchargé de cet embaras de recusations qui lui ostent une partie de l'auctorité de sa charge. Et comme il m'ofre la continuation de ses bonnes volontés pour moi et pour mon fils, il me semble que vostre bonté aura agréable que je continue à l'importuner pour ces interests là, et que je le supplie de croire que je serai tousjours, Monseigneur, vostre très humble et très obéissant et très obligé serviteur.

Marca, E. de Coserans.

A Barcelone, ce 14 d'aoust 1649 (2).

(1) Bernard de La Vie, déjà plusieurs fois nommé.
(2) *Ibid.*, nᵒ 17394, fo 85.

XXV

Monseigneur,

Mes intérests sont tellement attachés avec ceux du Parlement de Navarre, que j'ai creu obtenir de vostre bonté qu'elle soufrira que j'implore sa justice en une affaire qui se présente, où il s'agit du renversement entier des règlemens sous lesquels cette compagnie a vescu jusqu'à présent. MM^{rs} les présidens m'ont envoyé un exprès en cette ville de Barcelone, afin de me donner avis de ces désordres que l'on procure, qui m'obligent à ne perdre point l'occasion de ce courier, pour vous faire à temps ma très humble prière sur ce subject.

Le désir de M. de Casaus pour estre président cause ces confusions. Il fit ériger un office de conseiller auquel il fut receu par violence avec commission adressée au gouverneur de la province en absence de toute la cour, qui se retira du palais. Il a faict commuer maintenant cet office en celui de président.

L'ordre des déliberations en matière de réception d'officiers est prescrit par l'ordonnance de Béarn, practiquée inviolablement; c'est à sçavoir que les parens et alliés se retirent, et tous les autres juges mesmes les récusés intervienent à la délibération.

Le dit sieur de Casaus a dix parens dans cette compagnie qui n'est composée que de 24 juges, dont il y a un beau-frère, un neveu, quatre cousins-germains, et les autres remués de germains (1). Pour ne rencontrer point de difficulté en l'enregistrement de l'édict, et en sa réception à l'office, il a présenté une letre de cachet, qui ordonne que tous les suspects audit sieur de Casaus et ses parens et alliés interviendront au jugement.

Ce qui a causé une grande confusion en la compagnie, les parens ayans refusé de sortir pour donner lieu aux autres de délibérer sur l'édict.

Je vous supplie, Monseigneur, de vouloir protéger nos anciens ordres, et de ne soufrir pas qu'une famille opprime un corps dans la justice de sa cause.

On ne peut avoir recours qu'à vostre intégrité, et à l'auctorité de vostre charge, qui est établie principalement pour contenir chacun dans son devoir, et dans l'ordre de la discipline publique qui a esté practiquée en la mesme affaire, lorsque ledit sieur de Casaus présenta son premier édict de l'érection de cet office de président.

Le pis qui peut arriver de l'exécution du règlement en faisant abstenir les parents et alliés, et laissant intervenir les récusés, est que l'édict soit refusé : ce qui est juste. Au cas contraire l'édict sera receu par le nombre des parents, ce qui causera une monstruosité de cinq présidens en un corps qui n'a que vingt conseillers et de plus diminue de plus d'un tiers la finance des offices de présidents, pour satisfaire à l'appétit déréglé d'un particulier (2). On peut éviter cette injustice, s'il vous plait, Monseigneur, de trouver bon que l'ordonance de Béarn et la practique ordinaire soit suivie comme je vous en supplie très humblement, et me faire la grace de croire que je suis tousjours, Monseigneur, vostre très humble, très obéissant et très obligé serviteur.

Marca, E. de Coserans.

A Barcelone, ce 25 septembre 1649 (3).

(1) M. Littré se contente (*Dictionnaire de la langue française,* au mot *germain*) de rappeler que *cousin remué de germain,* se disait autrefois pour cousin issu de germain, sans donner aucun exemple de cette locution. On pourra désormais citer la phrase de Marca. Les rédacteurs du *Dictionnaire de Trévoux* écrivaient (édition de 1771) : « Ce terme est encore usité dans les provinces. » J'ai entendu des vieillards qui continuaient à l'employer.

(2) N'avais-je pas raison de dire, dans l'*Avertissement,* que l'on trouverait bien de la verve et de l'esprit dans la correspondance de Marca?

(3) Fonds français, vol. 17391, f° 33.

XXVI

Monseigneur,

L'estat présent où se trouvent les affaires de Catalogne m'a obligé d'écrire non seulement à Monsieur Le Telier, et à Son Eminence, comme j'avais accoustumé, mais encore à S. A. R. et à S. A. de Condé, une letre qui est de mesme teneur.

Ce peuple est très affectionné et travaille puissament pour sa défense, mais il se lasse de voir un abandonement des affaires de deça depuis dix mois, n'ayant eu ni vice-roi, ni troupes d'infanterie, ni argent pour faire subsister ce qu'il y a soit de cavalerie qui est fort bonne, soit d'infanterie. Tout a esté nourri par les paisans qui ne peuvent plus soufrir cette dépense, et la misère des soldats les porte au dessein de se débander. Ce qui arrivera sans doute, et

donnera lieu à l'enemi qui est dans les entrailles du pais de se pré-
valoir de nos désordres, que l'on ne peut éviter qu'en nous envoyant
promptement de l'argent pour faire subsister nos troupes.

Les enemis, qui sont avec leur armée à huict heures de chemin de
cette ville, la menacent de siege, auquel nous nous préparons,
metans quantité de provisions dedans, y ayant faict entrer une
garnison françoise de deux mil hommes, et sept cens chevaux,
outre trois mil hommes de milices qui sont aux environs, et faisant
travailler par nos soldats aux fortifications de dehors.

Nous avons de la peine à croire qu'avec douze mil hommes de
pied qu'il ont, et quatre mil chevaux, outre leurs galères et vaisseaux,
ils entreprennent ce siège, estant certain qu'ils trouveront de la ré-
sistance dans la ville, et que M. de Marsin (1) les incomodera avec
nostre cavalerie qui tiendra la campagne au nombre de quatre mil
chevaux, et en ce cas il pourroit tirer des garnisons de la frontière
deux mil hommes ou environ.

Mais soit que les enemis forment le siège, ou qu'ils se contentent
d'établir leur quartier d'hiver dans le Panadès où ils sont, il est
nécessaire d'avoir un bon renfort d'infanterie pour les chasser de la
province, et de l'argent pour la subsistance de nos troupes. Autre-
ment je prévois la ruine inévitable de cette principauté, qui est si
importante à l'estat pour tenir l'Espagne en jalousie de nos armes,
et prétends estre déchargé de tous les mauvais événements, par les
avis que j'ai donnés du danger où nous sommes.

J'ose dire que mes soins ont servi pour empescher la cheute qui
nous menaçoit, mais l'industrie est inutile, où la force d'hommes
et d'argent est nécessaire (2).

Les enemis, qui supportent avec impatience ma conduicte, ont
faict diverses fois des desseins contre ma vie, qu'ils continuent, à
présent, comme j'ai esté adverti, et le gouverneur de Catalogne qui
est destiné aussi à l'assassinat, par les avis réitérés qui nous en ont
esté donnés. Ce qui m'a obligé à l'instance des officiers d'ici, et à
leur exemple, de prendre dix soldats, pour ma garde en la maison et
par la ville.

Je pense que mes services mériteroient quelque récompense, mais
on veut que je me règle par les principes de l'honesteté, qui établit
la récompense des belles actions en la gloire de les avoir faictes (3).
Je sçai que vostre bonté, Monseigneur, désireroit quelque chose
pour moi, qui me mit en estat de pouvoir jouir avec satisfaction de
l'honeur d'avoir bien servi, dont je vous remercie très humblement,

et vous supplie de continuer vos bonnes graces, à celui qui est, Monseigneur, votre très humble, très obéissant et très obligé serviteur.

MARCA, E. de Coserans.

A Barcelone, ce 12 d'octobre 1649 (3).

(1) Jean-Gaspard Ferdinand, comte de Marchin, natif du pays de
Liège, fut un des plus vaillants lieutenants du prince de Condé. Il
mourut à Spa en 1673. Voir sur ce général la plupart des Mémoires
du temps et particulièrement l'*Histoire de la guerre de Guyenne,
par le colonel Baltazar* (édition de M. Charles Barry, Bordeaux,
1876, *passim*). On voit par la lettre de Marca combien le savant
éditeur a eu tort de dire (note de la page 2) que celui que nous
nommons Marsin est *toujours appelé Marchin au* xviie siècle.
(2) Cette phrase n'est-elle pas bien frappée, et ne sonne-t-elle pas
comme un de ces dictons qui, sous une forme heureuse, résument
l'antique sagesse des nations ?
(3) Il y a une bien fine ironie dans tout ce passage, et si l'on peut
dire que Marca se plaint un peu trop, on ne peut pas dire qu'il ne
se plaigne pas assez spirituellement.
(4) *Ibid.* f° 46.

APPENDICE.

Lettres de Marca à diverses personnes.

I

Au garde des sceaux (1).

Monseigneur, je suis marri que le succès ait confirmé l'opinion
que j'avois conceu de l'intention de ceux de nostre compagnie à
l'exécution des volontés du Roi, et que par un arrest baillé ce 5 d'octobre ils ayent rejetté et l'édict et la jussion du Roi avec autant d'i-
gnominie en effects comme ils avoient faict la premiere fois en paroles. Par le premier arrest ils condamnent la justice de l'édict, et
par le second ils en déclarent la nullité et l'injustice. La nullité, en
ce qu'ils ordonnent que Sa Majesté sera très humblement suppliée
de donner audience à ceux de la religion, accusans par ce moyen la
juste procédure du Roi de précipitation, et de la nullité de laquelle
ils se plaignent, disans que l'édict a esté expédié sans ouir les parties. Ils taxent aussi la volonté du Roi d'injustice en ce qu'ils ordonnent que Sa Majesté sera suppliée de pourvoir aux interests de ses
subjects conformément à ses édits et des rois ses prédécesseurs,
signifians par ces termes que les édicts faicts en leur faveur sont
entierement enfraincts par l'édict de la main levée, ce qui n'est pas
toute fois si on veut considérer le vrai sens des letres qui leur ont
esté cy devant accordées, ainsi que j'ai montré par un discours que
j'ai fait imprimer sur ce subject (2). Si est-ce que tous n'ont pas esté
de l'avis de l'arrest. Car le sieur de Claverie et moi avons opiné qu'il
faloit decerner prinse de corps contre les deputés de l'Assemblée
d'Ortès, et de publier et exécuter l'édict. Les sieurs du Pon et du
Four se sont portés à faire remonstrances. Les sieurs de La Force,
Casaus, Gassion, Landresse, Lescun, Loyard, Menville, Gillot,
Laugar et Saint Cric (3), détestoient tant l'advis de l'exécution que
des remonstrances, et quoique différens en quelque façon en leurs

premiers advis, se sont enfin rangés aux termes de l'arrest. *Tous ceux là* estoient aussi d'accord que la religion et la conscience ne leur permetoient pas de vérifier l'édict en aucune façon, à cause que l'Eglise, à laquelle ils n'étoient pas supérieurs, avoit défini que c'estoit un point de conscience d'exclure leurs pasteurs de l'entretenement sur les biens ecclésiastiques. Les sieurs du Pont, du Four, Gillot, Claverie et moi avons esté d'advis de procéder criminelement contre l'assemblée d'Ortez, de quoi les sieurs de La Force, Casaus, Gassion et les autres se sont moqués, ou par un silence, ou en termes exprès. Aussi comment est-ce qu'ils condamneroient ceste assemblée, eux qui endurent depuis huit ou neuf jours qu'il en y ait une à Pau composée de tous les ordres, et beaucoup plus grande, en laquelle les députez de La Rochelle ont harangué, et puis ont conféré avec le sieur de La Force dans le chasteau depuis les 9 heures du soir jusques à 12 heures sonnées. En ceste mesme assemblée de Pau assistoient un grand nombre de gens criminels qui morguoient les juges qui n'estoient poinct faicts à leur humeur, mesmes le sieur de Livron, procureur général; huoient et menaçoient le sieur d'Esquille en telle façon, qu'il a esté constrainct de se contenir en son logis deux jours durant. Ils le haïssent à cause qu'il a pressé le jugement de l'affaire, et qu'il a sondé diligemment et avec toute sorte de fidélité les intentions de ceux qui se professent serviteurs du Roi. Si le tout n'a réussi au contentement de Sa Majesté, il le faut imputer plustost à la mauvaise inclination de ses officiers que non point à aucun manquement du costé dudit sieur d'Esquille, lequel a rapporté à sa commission tout le devoir auquel il estoit obligé. Il a retiré de ceux qui manient l'estat de Béarn tout ce qui se peut attendre d'eux, c'est à dire un refus absolu auquel ils sont entièrement résolus par considération de conscience, de sorte qu'ils n'obéiront jamais de bon gré. Que si l'on procède par voye d'armes, ils resisteront s'ils croyent estre assez forts, ou cederont s'ils se doutent d'être faibles, avec ce dessein neantmoins que de refuser les payemens aux ecclesiastiques, si tost que l'armée sera séparée, car ni le lieutenant ni le conseil ne contraindront pas les tenanciers de la religion à payer leurs dismes et premices aux prestres, puisqu'ils croyent ne le pouvoir faire sans abjurer la religion qu'ils professent. Je vous propose, Monseigneur, leur délibération, afin que par vostre sage conseil on puisse rompre leur malicieux dessein, et contenter les vœux ardens des catholiques qui conspirent tous au service du Roi et au restablissement de leur religion et de ce qui en dépend, et vous supplie de

conserver vos bonnes grâces, Monseigneur, à vostre très humble et
très affectionné serviteur.

MARCA.

A Pau, ce 5 octobre 1618 (4).

(1) C'était Guillaume du Vair, auquel on avait redonné les sceaux
en 1617, qui avait été nommé évêque de Lizieux en 1618, et qui
mourut à Tonneins (Lot-et-Garonne) le 3 août 1621. Voir les *Lettres
inédites de Guillaume du Vair, publiées avec avant-propos, notes
et appendice* (Marseille, 1873, in-8°).

(2) On voit par cette formelle assertion combien M. l'abbé Puyol,
dans son si intéressant et si savant livre sur *Louis XIII et le
Béarn,* avait deviné juste quand il avait dit (p. 378) : « Il n'est besoin que de lire le *Discours d'un Béarnais* pour être convaincu que
cet ouvrage est de Marca. L'authenticité ne peut en être méconnue. »
Les bibliographes qui avaient négligé l'avertissement donné par
M. l'abbé Puyol, ne négligeront peut-être pas la déclaration de
l'auteur lui-même, et le *Discours d'un Béarnais,* espérons-le, figu-
rera surtout dans la quatrième édition du *Dictionnaire des ouvrages
anonymes.*

(3) Sur la plupart de ces personnages, on consultera avec fruit les
Mémoires de J.-N. de Caumont, duc de La Force, publiés en 1843
par le marquis de La Grange, et l'ouvrage de M. l'abbé Puyol, dans
lequel abondent surtout les détails sur Casaus et Lescun.

(4) Archives nationales, K 110, n° 54. Autographe. — On trouve
dans le *Musée des archives nationales, Documents originaux de
l'histoire de France* (Paris, Plon, 1872, in-4°, p. 503), un extrait
d'une lettre de Marca au cardinal Mazarin (K 118, n° 77). Dans cette
lettre, datée du 26 septembre 1654 et écrite à Paris, l'archevêque de
Toulouse défend vivement les intérêts de Galactoire de Marca, son
fils, qui, avec deux autres présidents au parlement de Pau, MM. d'Esquille et Jean de Gassion, était en butte aux tracasseries du conseiller Cazaux, lequel cherchait à obtenir le rétablissement de l'office de
président.

II

*A Monsieur de Loménie, conseiller du roi en ses conseils, son se-
crétaire d'Estat et de ses commandemens* (1).

Monsieur, j'ai creu que vous agréeriés que je vous fisse part d'un
sceau de Gaston de Moncade, seigneur de Bearn, que j'ai trouvé en
pendant en l'acte d'émancipation qu'il fit en sa cour majour de la
persone de Marguerite sa fille, femme du comte de Foix, l'an MCCLXXXVI.
C'est pourquoi je vous en envoye le dessein afin que vous puissiés

le conférer avec l'autre que vous avés en main, qui est différent de celui-ci (2). J'ai aussi rencontré dans le thrésor de Pau un acte de Boson de Mastas comte de Bigorre, où le sceau estoit pendant en cire rouge. Il porte deux lyons, comme vous m'avés toujours asseuré que c'estoient les armes de Bigorre. Au reste je transcris mon petit ouvrage pour le faire imprimer ceste année à Paris (3). Attendant d'avoir l'honneur de vous voir, je vous supplie me continuer celui de vos bonnes graces et me croire, Monsieur, vostre très humble et très obéissant serviteur.

MARCA.

A Pau, ce 29 janvier 1633 (4).

(1) Antoine de Loménie, seigneur de la Ville-aux-Clercs, mort à Paris le 17 janvier 1638, était secrétaire d'Etat depuis l'année 1608. Ce fut au fils d'Antoine de Loménie que Marca, le 16 septembre 1642, adressa de Lyon un document bien important et bien souvent cité, qui a été imprimé dans les diverses éditions anciennes et modernes des *Mémoires* de Montrésor, sous ce titre : *Lettre de M. de Marca, conseiller d'Etat, à M. de Brienne, secrétaire d'Etat, laquelle fait mention de tout ce qui s'est passé à l'instruction du procès de Messieurs de Cinq-Mars et de Thou*. Un fragment de ce récit a été reproduit par Alfred de Vigny parmi les *Notes et documents historiques* qui suivent le roman intitulé : *Cinq-Mars ou une conjuration sous Louis XIII* (Paris, Charpentier, 9e édition, 1846, p. 449-450).

(2) Ce sceau est gravé dans l'*Histoire de Béarn*, p. 625.

(3) Marca, à la fin de l'avis *Au lecteur* (1639), dit de son ouvrage : « auquel je mis la dernière main il y a six ans, et fis un voyage en ceste ville de Paris pour le mettre sous presse; mais ayant esté diverti par quelques affaires particulieres, qui me ramenerent dans mon païs plustost que je ne pensois, j'ai différé de le donner au public jusqu'à présent. »

(4) Bibliothèque nationale, collection du Puy, vol. 219. Autographe.

III

A M. de Launoy, « docteur de la sacrée faculté de théologie de Paris (1). »

Barcelonne, le 31 juillet 1646.

Monsieur,

Vous estes fort exact à m'escrire, dont je vous remercie. J'ay receu la lettre de M. du Saussay (2) par vostre moien. Je vous prie qu'il reçoive ma response par mesme voie, afin que je serve de lien à vostre amitié qui se conserve sans doute par les prières de saint Denys, saint Bruno et sainte Magdelene (3).

Je vous prie de presser M. de Beauregard, agent du clergé, auquel j'escris afin qu'il lui plaise se souvenir de demander pour moi en qualité d'évesque un corps des conciles de l'impression du Louvre (4), puisqu'on a résolu d'en donner un à chaque évesque. J'y ai plus de part que personne parce que j'ai augmenté cette impression de mes travaux (5), et il est vray que l'on m'en avoit promis un, mais l'absence ruine tout et peut-estre qu'elle fera oublier mon nom à M. de Priesac. Comme M. Dominicy (6) n'a pas eu le soin de me nommer dans son livre du franc alleu (7) citant quelques actes qu'il tiroit de mon histoire (8), je croy qu'il ne m'envoiera point un exemplaire de son livre si vous ne l'en faites souvenir.

Je suis, Monsieur, vostre très humble et très affectionné serviteur.

MARCA (9).

(1) Jean de Launoy, né en Normandie, près de Coutances, à la fin de l'année 1603, mourut à Paris le 10 mars 1678. Ce docteur de Sorbonne fut un des plus savants, des plus hardis et des plus féconds critiques du xviie siècle.

(2) André du Saussay, né à Paris en 1595, fut successivement curé de Saint-Leu en cette ville, official et grand-vicaire du diocèse, évêque de Toul. Il mourut dans sa ville épiscopale le 9 septembre 1675. C'est l'auteur du *Martyrologium gallicanum* (1637, 2 vol. in-f°).

(3) Gaie et spirituelle allusion aux traités dans lesquels le *terrible disputeur*, comme Bayle appelle J. de Launoy (*Dictionnaire critique*, édition Beuchot, t. ix, p. 94), attaqua les légendes relatives à l'apostolat des Gaules par saint Denis l'Aréopagite (*De duobus Dionysiis*), à la cause de la retraite de saint Bruno (*De vera causa secessus sancti Brunonis in desertum*), et à l'arrivée de Lazare et de Madeleine en Provence (*De commentitio Lazari, Magdalenæ, Marthæ ac Maximini in Provinciam appulsu*). Voir, sur ces divers traités, outre Bayle et ses contradicteurs L.-J. Le Clerc et Joly, la notice mise par l'abbé Granet en tête des œuvres complètes de J. de Launoy (1731-32, 10 vol. in-f°), Ellies du Pin, le P. Niceron, Moréri, l'abbé Labouderie (*Biographie universelle*), etc., sans parler des nombreux écrivains contemporains qui, tels que M. l'abbé Faillon, M. l'abbé Arbellot, ont pris le parti des traditions contre lesquelles s'était si violemment élevé le *dénicheur de saints*.

(4) *Conciliorum omnium generalium et provincialium collectio regia* (Paris, imprimerie royale, 1644, 37 vol. in-f°).

(5) Marca, pendant qu'il siégeait encore au parlement de Navarre, avait composé sur le concile de 1095 une importante dissertation, reproduite par le P. Labbe dans sa grande collection (*Sacrosancta concilia,* etc., Paris, 1671-1672, 18 vol. in-f°). Marca, dans la lettre déjà citée au P. de La Vie, s'étend ainsi (p. 340) sur sa collaboration à l'édition du Louvre : « Vous avés vu mon petit traité *De primatu Lugdunensi,* qui se trouve dans le corps des conciles de l'édition du Louvre, d'où l'on a tiré l'impression séparée que l'on a faite de ce traité, après mon départ vers cette ville de Barcelonne, où il y a grand nombre de fautes notables. J'avois publié auparavant une épitre du pape Vigilius, pour la confirmation du cinquième synode général, laquelle n'avoit jamais paru; elle a été imprimée avec ma dissertation, et séparément, dans la nouvelle édition des conciles : elle a été fort bien reçue à Paris et à Rome. » Le P. Labbe était un ami de Marca, comme le prouve une lettre en latin que lui a adressée ce dernier, le 8 mai 1658, et que l'on peut lire dans le vol. 280 de la collection dite des Armoires de Baluze, f° 6.

(6) Marc-Antoine Dominicy, l'érudit jurisconsulte de Cahors, mourut en 1650, selon Lenglet du Fresnoy, en 1656, selon La Monnoye. Espérons qu'il nous viendra bientôt du Quercy quelque excellente notice sur ce docte personnage, que l'on a jusqu'à ce jour si fort négligé.

(7) *De Prærogativa Allodiorum in Provinciis, quæ jure scripto utuntur, Narbonensi, Aquitanica, historica disquisitio Marci Antonii Dominicy, antecessoris Cadurcensis,* etc. (Paris, 1645, in-4°).

(8) On est fâché d'apprendre qu'un homme du mérite de Dominicy ait ainsi manqué à un des devoirs les plus impérieux de l'érudit. Ajoutons qu'à son tour Marca — j'aime à croire qu'on l'a calomnié! — a été accusé en Espagne d'avoir peu loyalement passé sous silence les services que lui rendirent, pour la composition de quelques-uns de ses ouvrages, les manuscrits de Geronimo Pujades, né à Barcelone en 1568, l'auteur (en dialecte catalan) de la *Chronique universelle du principat de Catalogne* (Barcelone, 1609, in-f°).

(9) Collection Baluze, vol. 123, f° 155. Copie. Déjà, le 25 avril 1646, Marca avait adressé, de Barcelone, une lettre à J. de Launoy pour le complimenter au sujet de sa dissertation sur saint Bruno (*Ibid.,* f° 85). Autour de ces lettres de Marca sont groupées (f° 62-80) plusieurs lettres de J. de Launoy à l'évêque de Conserans écrites de 1644 à 1651.

IV.

Au Révérend Père Petau, de la Compagnie de Jésus (1). (Extraits.)

Monsieur mon Révérend Père, je suis bien marri que les divisions qui commençoient à se former touchant la doctrine de la grace, lors-

que je partis de la cour pour servir le roi en ce pais, se soient aug-
mentées jusqu'à faire des partis, dont les effets ne peuvent estre que
funestes à l'Eglise et à l'Estat (2). Cette maladie desire un prompt
remède, de la main de celui qui a le pouvoir d'appaiser ce trouble
avec l'autorité du Saint Siege. C'est ce qui m'a porté à souscrire
avec mes confreres à la lettre qui a esté desseignée (3) pour l'adresser à Sa Sainteté afin qu'elle regle les cinq articles principaux, qui
lui sont proposez (4). Lorsque j'aurai l'honneur de vous voir, je vous
communiquerai mon traicté, afin que j'aye cet avantage de le publier,
après que le grand génie de l'érudition de toute l'Eglise et du siècle,
tel que vous estes (5), m'aura faict la faveur de le censurer.

Ce 27 de mars 1651 à Saint-Hierosme de La Murte (6).

(1) Denis Petau, né le 21 août 1583 à Orléans, mourut à Paris le
11 décembre 1652. Les savants rédacteurs de la *Bibliothèque des
écrivains de la Compagnie de Jésus* n'ont pas trop vanté leur illus-
tre confrère (t. II, in-f°, col. 1891), en le proclamant un des érudits
« les plus distingués de son siècle, » et en déclarant qu'il « joignait
à une érudition immense, de l'esprit, du goût, un jugement sain,
une élocution facile, et le talent de bien écrire en grec et en latin. »

(2) Marca répond à une lettre qui lui avait été adressée par le P.
Petau, le 10 février 1651 (Armoires de Baluze, vol. 123, f° 6) et où
on lit ceci : « Monseigneur, la nouvelle doctrine du jansénisme a
pris un tel accroissement en cette ville, et en plusieurs autres de ce
royaume, et y produit de si pernicieux effects, qu'il y a sujet de
craindre que l'Eglise catholique n'en reçoive un notable dommage,
et qu'enfin le mal s'empirant, soit plus puissant que tous les remè-
des... »

(3) C'est-à-dire *dessiner, ébaucher.*

(4) Marca devait, plus tard, publier un ouvrage touchant les cinq
articles : *Relation de ce qui s'est fait dans les assemblées des évêques
au sujet des cinq propositions* (Paris, 1657, in-4°).

(5) Ce pompeux éloge est à rapprocher de tous les éloges qui ont
été prodigués au P. Petau et qui ont été recueillis à la suite du
discours funèbre composé par son ami Henri de Valois (*Henrici
Valesii oratio in obitum D. Petavii*, 1653, in-4°), ou résumés
dans la notice du P. Oudin (t. XXXV des *Mémoires* de Niceron, p. 81-
234).

(6) Armoires de Baluze, vol. 106, f° 329. Au bas d'une lettre à Le
Tellier, du 14 février 1651, je lis (sixième volume, f° 305) : *Saint
Hierosme de la Muerta, près Barcelonne.* On trouve (*ibid.*, f° 329)
une lettre très amicale et très élogieuse adressée par Marca à
« M. Hallier, professeur du Roi en théologie en l'université de Pa-
ris, » et (f° 330) une lettre de remercîment au R. P. Besson, « de la

Compagnie de Jésus à Toulouse, » lequel lui avait envoyé ses *Explications du cantique des cantiques* (*In canticum canticorum Salomonis novæ elucubrationes.* Toulouse, 1646, in-f°). Voir (Armoires de Baluze, vol. 123, f° 2) une lettre du R. P. Jean Besson écrite de Toulouse à Marca, le 19 mars 1650. Marca, si l'on en juge par sa correspondance, paraît avoir eu les meilleures relations avec les doctes jésuites de son temps, et ce n'était pas une vaine assurance qu'il donnait au P. de La Vie (lettre déjà citée), quand il lui écrivait (p. 342 du tome ι des *Mélanges* de Michault) : « Je suis toujours le même envers les Pères Jésuites, c'est-à-dire comme fils de la maison. » Parmi les membres de la Compagnie de Jésus avec lesquels Marca fut très lié, je citerai un écrivain que son excessive originalité ne doit pas empêcher de regarder comme un remarquable érudit, le P. Théophile Raynaud. Voir dans le *Bulletin du Bouquiniste* du 15 mars 1868 (p. 150-154) deux *Lettres inédites* de ce religieux à l'évêque de Conserans (1647) et à l'archevêque de Toulouse (1652).

V

A Mgr Bosquet, évesque de Lodève, à Pézenas (1).

Monseigneur,

Je suis bien aise que la liberté de nostre commerce de lettres soit rétablie. Je m'en serviray maintenant pour vous apprendre l'estat de mes affaires. Je fus preconisé le 16 décembre. Ensuite on presenta un memorial sur la diminution de mon annate, suivant l'avis de Mgr le cardinal Barberin (2), et parce que M. l'Ambassadeur (3), qui devoit se presenter avec les autres, n'alloit point à l'audience, cela traisna un peu, et encore plus la réponce que le pape en différa quelque temps. Enfin les autres memoriaux furent répondus et non pas le mien. Recherchant la cause, on apprit que M. l'abbé Charrier, qui est à Rome pour les intérests de M. le cardinal de Retz (4), avoit eu audience du pape en une congrégation extraordinaire (5). Dans son discours il fit une digression contre moy, disant que les evesques furent empeschez par le conseil du Roy de s'assembler pour faire leurs plaintes de la détention de M. le cardinal jusques à ce qu'ils eussent consenti que je porterois la parole, qu'en la premiere partie de ma harangue j'avois ruiné les immunitez ecclésiastiques, et avois donné un tel scandale à mes confreres que M. l'evesque de Rennes (6) m'avoit interrompu, en me disant que j'outrepassois ma commission; qu'il ne falloit pas trouver estrange mon procédé, d'autant que j'avois esté president du parlement de Pau composé pour la plus grande partie d'hérétiques, et que j'estois soupçonné de l'estre (7); qu'ayant composé le livre *de Concordia* dans cet esprit, je m'estois servi de la mesme doctrine dans mon discours. L'assemblée qui s'est tenue pour l'affaire de M. de Sens (8) et des capucins ayant receu ma plainte, a député Messieurs de Condom et d'Ayre (9) vers M. le nonce (10) pour luy dire que ces faits estoient contraires à la verité et injurieux aux evesques de France, que le Roy n'avoit pas seulement témoigné de désirer que je portasse la parole, au contraire que j'avois esté choisi par le suffrage de tous; que je n'avois esté interrompu par qui que ce soit, moins encore par M. l'evesque de Rennes qui estoit hors la ville; que j'avois esté remercié par tous les evesques qui m'assistoient, lesquels m'avoient encore fait un remerciement à la première assemblée qui avoit été tenue, disant que les immunitez ne pouvoient estre soutenuës avec plus de vigueur ny de doctrine. Outre cela, MM. les evesques rendent temoignage de ma piété, et prient M. le nonce de faire plainte de ce discours à Sa Sainteté, et de luy envoyer cete délibération du 22 mars, et la précédente touchant l'approbation de mon discours du 10 fevrier. Encore que ce tonnerre n'ait éclaté qu'à Rome, il avoit esté formé icy. M. l'archevêque d'Embrun (11), piqué de ce que j'avois esté choisi pour parler de preference à luy, témoigna à tous les evesques et à M. le cardinal Grimaldi (12) dans leurs maisons, mesme à M. l'archevesque de Paris, d'estre fort mal satisfait de mon discours, disant que j'avois ruiné les immunitez. Il fut rebuté par ces messieurs, qui m'avoient entendu, lesquels m'avertirent de cete diffamation. Je visitay M. l'archevesque, pour luy persuader la vérité. M. l'archevesque de Bourdeaux survint (13) qui fut tesmoin de nostre dispute sur cete matiere. Elle se termina par l'aveu que fit M. d'Embrun, qu'il estoit en tout de mon avis; mais que je m'estois expliqué succinctement, et qu'il falloit des commentaires à mes paroles. Je luy dis qu'elles estoient fort claires, sans avoir besoin de glosse; mais qu'elles estoient fort pleines, et contenoient l'abrégé d'un traité. J'ajoutay que mes propositions seroient bien receuës à Rome, puisqu'elles enseignoient la doctrine de la bulle *in Cœna Domini*. Qu'il n'y avoit que la première partie qui povoit les facher; où je disois que les euesques estoient sujets du Roy, suivant la doctrine et la pratique de la France, qui n'estoit pas agréable à Rome. Vous reconnoissez pourquoy l'on a dit, que par la première partie de mon discours j'avois ruiné les immunitez.

J'ay envoyé à mon banquier l'extraict des deux délibérations, qui ont été remises entre les mains de M. le nonce, et l'argent necessaire pour payer les bulles. Je vous fairay savoir le succez.

Vous verrez la Letre circulaire par laquelle on exhorte à punir les capucins innocens pour le coupable. Je suivis le torrent de cet avis; y faisant ajouter deux mois de terme pour justifier en quelque façon nostre procédé par ce delay.

J'avois desiré qu'un certain prélat proposât qu'il estoit nécessaire de faire une letre pour prier MM. les evesques d'envoyer les actes pour repondre à ceux qui sont produits dans le volume des libertez et que je fusse prié d'y répondre, avec quelque éloge pour moy, afin que cela servit à Rome. Il me dit que vous aviez esté prié de répondre il y a deux ans, mais que ces pieces n'avoient point esté demandées aux diocezes. Je luy dis que cela n'empechoit pas vostre trauail. Il fit la proposition; mais dez qu'il l'entama, M. l'evesque de Grasse (14) dit que vous aviez achevé l'ouvrage, comme vous luy aviez écrit quelques jours auparavant. J'ay creu que mon homme luy avoit communiqué mon dessein, et que M. de Grasse avoit voulu l'empecher : comme en effect je rompis tout, disant que l'affaire estoit en bonne main. Je voy une petite cabale contre moy. Vous me fairez faveur de me mander auec sincerité, si vous avez écrit depuis peu sur ce sujet à M. l'evesque de Grasse. Je suis tousjours, monseigneur, vostre tres humble et tres obeissant serviteur et confrere,

Marca,
archevesque nommé de Toulouse (15).

A Paris, ce 4 avril 1563.

(1) François de Bosquet, né à Narbonne le 28 mai 1605, mourut le 24 juin 1676. Comme son fidèle ami P. de Marca, il appartint à la magistrature et à l'administration avant d'appartenir à l'Eglise. Evêque de Lodève en 1648, il devint évêque de Montpellier en 1655. Je voudrais recommander aux érudits de Narbonne ou de Montpellier la publication des lettres inédites de Bosquet au chancelier Séguier, à Marca, etc. Ces lettres, qui se trouvent dans les volumes du fonds français et de la collection Baluze, d'où j'ai tiré la plupart des lettres que l'on vient de lire et qu'on va lire, sont fort intéressantes, et Bosquet, soit comme érudit, soit comme évêque, est un de ces hommes qui méritent d'être l'objet d'une étude approfondie.

(2) François Barberini, neveu d'Urbain VIII, né en 1597, cardinal en 1623, mourut doyen du sacré collège en 1679. On me dispensera de donner sur ce grand personnage une note plus étendue. Nos

pères disaient qu'il ne faut pas allumer les chandelles en plein midi.

(3) Cet ambassadeur était Henri d'Estampes-Valençay, fils de Jacques d'Estampes, marquis de Valençay. Né en 1603, il mourut en avril 1678. Il fut tour à tour chevalier de Malte, grand-croix et bailli de son ordre, grand-prieur de France. On s'est plusieurs fois trompé, dans la *Liste des ambassadeurs à la cour de Rome* (*Annuaire de la Société de l'histoire de France*, 1847, p. 201), en lui donnant le prénom d'*Honoré*, en ne mettant son ambassade qu'en 1649 et en le remplaçant, dès 1653, par Fr. Boquet (*sic*), évêque de Montpellier (*sic*). Henri d'Estampes, qui représentait déjà la cour de France auprès d'Innocent X en juillet 1649, la représentait encore auprès de ce pape dans les derniers mois de 1653. Loret nous apprend (*Muze historique*, lettre du 31 janvier 1654, p. 460 du tome i de l'édition de M. Ravenel), que « M. de Valenci » venait alors de dire « au Saint-Père adieu. »

(4) Guillaume Charrier, né à Lyon le 21 août 1605, fut nommé en 1623 abbé de Notre-Dame de Chage (diocèse de Meaux, en 1632 aumônier de Gaston, duc d'Orléans); il mourut à Paris en 1667. Voir sur lui les *Mémoires* du cardinal de Retz, ceux de Guy Joly, etc. On consultera aussi avec fruit le dernier volume de M. R. Chantelauze sur *le Cardinal de Retz et l'affaire du chapeau*, où ont été reproduites diverses lettres de l'abbé Charrier, ainsi que diverses lettres du bailli de Valençay.

(5) Voir sur cette intervention de l'abbé Charrier les *Mémoires* du P. Rapin (t. ii, p. 58). Ai-je besoin de dire que l'on trouvera dans ces curieux mémoires bien des renseignements sur les démarches faites alors à Rome par H. d'Estampes-Valençay, par les agents et amis de Marca, par les agents et amis du cardinal de Retz, enfin par les jansénistes?

(6) Henri de La Motte-Houdancourt occupa d'abord le siège de Rennes (1641-1662) et ensuite le siège d'Auch (1662-février 1684).

(7) Ce n'était pas seulement l'agent du cardinal de Retz qui affectait de voir dans Marca un hérétique, c'était aussi le cardinal Albizzi, lequel disait tout haut que le faire évêque, ce serait mettre le loup au milieu des brebis, *sarebbe mettere il lupo tra le mandre*. Voir Mirasson, *Histoire des troubles du Béarn* (Paris, 1768, p. 184). La note de Mirasson sur Marca (p. 172-200) est un excellent résumé des opuscules de Baluze et de l'abbé de Faget. Le bon religieux loue peut-être beaucoup trop certains côtés du caractère de Marca, mais il faut croire que c'est par charité, et d'ailleurs cet excès de complaisance ne compense même pas l'excès de dénigrement que l'on peut reprocher à divers adversaires du prélat.

(8) Louis-Henri de Pardaillan de Gondrin. Voir la lettre suivante.

(9) Jean d'Estrades, le frère du maréchal Godefroi d'Estrades, évêque de Condom de 1647 à 1660. — Charles-François d'Anglure,

évêque d'Aire en 1650, puis successeur de Marca sur le siège de Toulouse (de 1662 à 1669).

(10) Nicolas Bagni fut nonce en France de 1647 à 1656. Il devint cardinal en 1657 et mourut en 1663.

(11) Georges d'Aubusson de La Feuillade (1649-1668).

(12) Jérôme Grimaldi, évêque d'Albano en 1628, nonce en France en 1641, cardinal en 1643, archevêque d'Aix en 1648.

(13) Henri de Béthune fut archevêque de Bordeaux de 1646 à 1680. Je suis heureux d'annoncer ici que M. l'abbé L. Bertrand, directeur au grand-séminaire de Bordeaux, prépare une vie de ce saint prélat avec un soin digne d'un si beau sujet. Prédire que *Henri de Béthune* ne sera pas moins apprécié des bons juges que *Laurent Josse Le Clerc,* c'est prédire à coup sûr.

(14) C'était Antoine Godeau, qui fut évêque de Grasse de juin 1636 à novembre 1653 et évêque de Vence jusqu'au 21 avril 1672. J'ai publié, dans la *Revue de Marseille et de Provence* de novembre 1877 (p. 489-496), quelques lettres inédites de Godeau, et, parmi ces lettres, il s'en trouve une adressée par ce prélat à P. de Marca pour le féliciter de sa promotion à l'archevêché de Paris. Je reproduis ici une note mise sous cette lettre (p. 492) : « Des compliments dont Godeau régale ici le nouvel archevêque de Paris, il est piquant de rapprocher une lettre à l'abbé de Thomassin (Recueil de 1713, p. 316) intitulée : *Réflexions sur la vie et sur la mort de M. de Marca, archevêque de Toulouse.* Godeau reconnaît que c'était *un homme de grand et rare mérite,* mais il déclare qu'il aurait été *meilleur magistrat qu'évêque* et il lui reproche vivement la conduite qu'il tint pour l'affaire du cardinal de Retz dans l'assemblée de 1655. Marca, devançant lui-même le jugement de Godeau, écrivit à Innocent X (au sujet du *De Concordia*), comme l'a rappelé le P. Mirasson (p. 184), qu'il avouait avoir plutôt fait l'office d'un magistrat que d'un évêque, *præsidem potius quam episcopum.* »

(15) Armoires de Baluze, vol. 113, f° 9. Copie.

Indiquons, dans le vol. 121 de la collection Baluze, diverses lettres de Marca adressées à Bosquet. Dans une lettre écrite de Paris, le 1ᵉʳ janvier 1654 (f° 2), il lui annonce que si l'on refuse de le dispenser du paiement de l'annate, il publiera « cette ingratitude à la postérité, » et il se représente comme « un tutteur » qui a gagné, dans la défense de la cause de l'Eglise, « de l'honneur et des maladies, mais non pas de l'argent. » La lettre suivante (f° 2), du 23 janvier 1654, est consacrée aux deux jansénistes, l'évêque de Comminges et l'archevêque de Sens, et se termine ainsi : « Je ne dois pas vous taire que les jansénistes disent que je ferai des injustices pour avoir mes bulles. C'est un reproche qui me donne de la confusion. Je suis homme d'honneur, et bon catholique, et n'agis point comme mercenaire. C'est la créance que l'on doit avoir de moi à Rome, laquelle les doit obliger à me tirer du soupçon de ce blasme, en me faisant expédier mes provisions, d'autant plus que mon suffrage sera plus considéré avec la qualité d'archevesque. Je vous prie de faire valoir ces raisons que j'ai touchées à M. le cardinal d'Est... » Une lettre du 20 février 1654 (f° 8) est dirigée tout entière contre l'archevêque de Sens et son jansénisme. Dans une autre lettre, sans date (f° 10), Marca signale la *malice* des jansénistes et déclare que l'abbé de Boursais (*sic* pour Bourzeis) est le « pilier du jansénisme. » Marca donne en *post-scriptum* à son correspondant de Rome d'excellentes nouvelles de la santé du cardinal Mazarin. L'évêque de Comminges et l'archevêque de Sens reparaissent dans une lettre du 10 avril 1654 (f° 15). Le surlendemain, Marca (f° 19) entretient Bosquet de certains troubles excités dans l'église de Saint-Paul, par un sermon du P. de Lingendes, vivement interrompu par le curé de la paroisse. Le 24 avril 1654 (f° 23), il raconte à Bosquet la suite de l'affaire du curé de Saint-Paul. Dans une lettre du 29 mai de la même année (f° 27), Marca signale les disputes des évêques avec les réguliers. Le 3 juillet 1654, Marca (f° 29) reproche gaiement « à l'évêque de Lodève, en cour de Rome, » son trop long silence : « Depuis que vous êtes son assistant [l'assistant du Pape], comme l'on m'a dit, je pense que vous oubliez les petites gens comme moi, qui suis néantmoins, Monseigneur, vostre très humble et très obéissant serviteur et confrère. » Le 7 août 1654, Marca (f° 31) revient encore sur les choses du jansénisme, et se plaint ainsi de trois prélats à la fois : « Quant à MM. de Sens, de Comenge et de Beauvais, qui sont les trois qui restent après le décès de M. de Valence, je ne puis assez m'étonner de leur procédé... »

VI

Au cardinal Mazarin.

Monseigneur,

Vostre Eminence ayant esté informée par MM^rs de Rouen (1) et de Montauban (2) des soumissions que fait M. de Sens (3), je la supplie de trouver bon que je la face resouvenir du dessein qu'elle a eu de le faire venir devant le Roy en présence de quelques Prélats et des Agents. Le plustost sera le mieux. J'auray l'honneur de parler à elle, s'il lui plaist de m'en donner la permission, sur l'ordre qu'il faudra tenir ensuite touchant l'assemblée des Evesques qui se fera sur cette matière. Cependant je la supplie tres humblement me faire la grace de croire que je suis avec respect, Monseigneur, de Votre Eminence, le tres humble et tres obeissant et tres obligé serviteur.

MARCA, archev. nommé de Thoulouse.

Ce lundi matin, 2 de février 1654 (4).

(1) François de Harlay de Champvallon, qui siégea de 1651 à 1671 à Rouen et de 1671 à 1695 à Paris.

(2) Pierre de Bertier, évêque de Montauban de 1652 à 1674.

(3) Sur L.-H. de Pardaillan de Gondrin, il y aurait à mentionner des témoignages sans nombre. On en trouvera quelques-uns dans une note de mon second *Bertrand d'Echaus* (Auch, 1879, p. 15). Plutôt que de compléter la liste des ouvrages imprimés à consulter sur le prélat gascon, j'aime mieux indiquer divers documents inédits soit de lui, soit sur lui, qui sont réunis dans le volume 122 de la collection Baluze. A côté des lettres autographes écrites à Mazarin par l'archevêque de Sens, on remarque, en ce volume, diverses lettres adressées au même ministre par un prélat qui lui aussi fut fort mêlé aux querelles du jansénisme, Gilbert de Choiseul, évêque de Comminges (1644-1671), puis de Tournai (1671-1689).

(4) Collection Baluze, vol. 122, f° 31. Copie. Voir, à la suite, divers documents qui émanent de Marca, et notamment (f° 40) : *Relation de ce qui s'est passé en l'affaire de M. l'Archevesque de Sens, dressée par messire Pierre de Marca, archevesque de Toulouse, et envoyée à S. E. le 22 janvier 1654.*

VII

« A Monsieur Monsieur de Baluze, à Tolose. »

Monsieur,

Je suis fort obligé au soin que vous avez pris de m'escrire diverses lettres en une langue que j'ayme, et qui vous est fort familière (1). Cela tesmoigne vostre avancement dans l'estude au delà de ce que vostre aage pouvoit promettre (2). Je loue l'affection que vous avez d'honorer vostre pais, par vostre plume, en tirant de l'oubli les anciens abbés et les Evesques qui ont acquis à vostre ville un degré de dignité qui l'égale aux plus considérables de la France (3). Celui qui possède aujourd'hui cette place illustrée par ses prédécesseurs lui donnera un nouveau éclat par sa piété et sa bonne conduite (4). Le service que je lui ai voué ne me porte pas à faire cette avance, mais l'entière cognoissance que j'ai de son mérite, dont vostre ville et tout le diocese ressentiront les bons effets.

Les ordres que j'ai receu du Roy m'obligeant de passer par le Bearn avant que de me rendre à Toulouse, je ne pourrai pas vous voir dans la route comme je pensois. Je ne veux pas que vous preniez la peine de venir à Bourdeaux, d'autant plus que le temps de mon arrivée est incertain. Lorsque je serai à Toulouse, vous aurez de mes nouvelles sans faute. Cependant je vous prie de croire que je suis, Monsieur, vostre tres affectionné serviteur.

MARCA, arch. de Toulouse.

A Paris, ce 23 de septembre 1654 (5).

(1) On sait que Baluze a rédigé en latin presque tous ses ouvrages, ce qui ne l'empêchait pas d'écrire très agréablement en français, comme le prouve surtout sa correspondance inédite, qu'il serait si désirable de voir enfin publier, et où sur toute sorte de sujets on trouve les plus curieux renseignements.

(2) Baluze, né à Tulle le 24 décembre 1630, n'avait pas encore, à cette époque, 24 ans révolus.

(3) Baluze préparait donc déjà cette histoire de la ville de Tulle qui ne devait paraître que 64 ans plus tard, en l'année qui précéda celle de la mort de l'éminent érudit : *Historiæ Tutelensis libri tres* (Paris, imprimerie royale, 1717, in-4°.)

(4) Louis de Rechignevoisin de Guron fut évêque de Tulle de 1653 à 1671. On peut lire d'intéressantes lettres de ce prélat, relatives aux troubles de la fronde bordelaise, dans divers volumes des *Archives historiques du département de la Gironde*. J'ai en main quelques autres lettres inédites de ce prélat, que je ne tarderai pas à mettre en lumière.

(5) Collection Baluze, vol. 361, f° 7. On comprend, en lisant cette lettre et les autres lettres si paternelles écrites à Baluze par Marca, l'ardeur avec laquelle le biographe a glorifié son bienfaiteur, qu'il appelle, dans la préface du recueil de 1669 : *Immortalis memoriæ vir, eruditorum seculi nostri coryphæus*, etc.

VIII

Au même.

Monsieur,

La créance que j'ai que vous ne serez pas marri de voir Paris m'oblige à vous escrire ces lignes, pour vous dire que durant le séjour que j'y ferai, qui sera de quatre ou cinq mois, vous aurez chez moi la table et un lict (1). Je jouirai durant ce temps de vostre conversation, qui me fera recognoistre plus profondément l'érudition que j'ai observée aux diverses pieces que vous m'avés envoyées.

Je suis tousjours le mesme, c'est à dire, Monsieur, vostre tres affectionné serviteur.

MARCA, arch. de Toulouse.

A Paris, ce 31 de may 1656 (2).

(1) « Le vivre et le couvert : que faut-il davantage? »
(La Fontaine, *Le Rat qui s'est retiré du monde.*)

(2) Collection Baluze, vol. 361, f° 15. On trouve (*Ibid.*, f° 9) un billet écrit au même savant par Marca, de Toulouse le 29 mai 1655, et d'où je tire ceci : « Tout ce qui part de vostre main est achevé, en sorte que ce qui ne git qu'en conjecture vous le rendez probable par vostre érudition et l'adresse de vostre esprit. » Un peu plus loin (f° 22), j'ai remarqué une lettre de recommandation adressée par Marca, de Paris le 20 mars 1658, à l'abbé de Saint-Fierme (*sic* pour Saint-Ferme) en faveur de Baluze, que son protecteur vante en ces termes : « Il est auprès de moi, qui m'assiste dans mes lectures, et mérite d'estre considéré par les gens d'honneur. » Revenons à l'année 1656. Le 7 octobre de cette année-là, Marca, ayant été accusé d'avoir été favorable à la cause du cardinal de Retz, écrivit au cardinal Mazarin une lettre dont voici le début (Collection Baluze, vol. 113, f° 284, copie) : « Monseigneur, je suis bien malheureux d'estre obligé de retourner une seconde fois à Vostre Eminence avec des paroles de justification sur ma conduite dans l'Assemblée. L'interest et la passion que j'ay de ne luy déplaire jamais en rien du monde m'oblige à la supplier d'avoir agréable que je lui conte par le détail la nécessité de mon action. M. de Bordeaux présidait ce jour-là. » Voir dans le même volume (f° 308, 310, etc.,) divers autres documents relatifs à l'affaire du cardinal de Retz, à laquelle fut tant mêlé — trop mêlé! — le futur successeur du plus étrange de tous les archevêques de Paris.

IX

A l'évêque de Lodève.

Monseigneur,

Vous sçavez le mérite de M. de Sorbière et les frais qu'il faict ici pour avoir sa subsistance asseurée (1). Le secours de cent pistoles que nous lui avions faict ordoner en 1656 par les Estatz ne fut point payé. Je vous supplie de vouloir vous employer envers M. de Narbone (2) et M. d'Alet (3) afin qu'aux comptes on lui ordone seurement le payement de cette somme. Outre que vous obligerés cet homme de grand mérite (4), qui est du pais (5), vous acquerrez sur moi une nouvelle obligation d'estre tousjours, Monseigneur, vostre très humble et très obéissant serviteur et confrère.

Marca, archev. de Thoulouse.

A Paris, ce 13 de décembre 1657 (6).

(1) Samuel Sorbière, né dans la religion protestante en 1615, selon
les uns, en 1610 selon les autres, était venu à Paris, au commencement de 1654, et il y avait publié sur sa conversion, due surtout au
savant évêque de Vaison, Joseph-Marie Suarès, un discours qu'il
dédia au cardinal Mazarin. Le clergé, disent ses biographes, « lui
ayant accordé une pension de 400 livres, il prit l'habit ecclésiastique,
en vue d'un bon bénéfice, que lui faisait espérer le cardinal Mazarin,
qui, en attendant, lui avait assuré personnellement une pension de
300 livres. » Sorbière, pendant toute sa vie si agitée, resta toujours à
demi pauvre, et Guy Patin, en annonçant à Falconet, le 25 novembre
1653, que leur ancien ami avait « tourné sa jacquette, » eut raison
d'ajouter : « Tout fin qu'il est, je ne sais si, avec sa nouvelle chemise,
il pourra réussir à faire fortune. »

(2) Claude de Rebé, qui siégea de 1628 à 1659.

(3) Nicolas Pavillon, le janséniste impénitent, qui siégea de 1637
à 1677, et qui, pendant une bonne moitié de ses quarante années
d'épiscopat, lutta avec une égale ténacité contre le pape et contre le
roi.

(4) On voit que Sorbière, dans son discours funèbre sur Marca, ne
fit que rendre au défunt les éloges que, de son vivant, ce dernier
s'était plu à lui donner.

(5) C'est-à-dire du Languedoc. Sorbière était né dans le diocèse
d'Uzez, à Saint-Ambroix, aujourd'hui chef-lieu de canton du département du Gard, arrondissement d'Alais, à 20 kilomètres de cette ville.

(6) Collection Baluze, vol. 121, f° 37.

X

A l'évêque de Cavaillon (1). (Extrait).

Monseigneur,

J'ay eu de la peine pour recouvrer les lettres que je vous envoye.
La françoise est un traicté fait contre moy, ou plustost contre l'autorité du pape, où l'auteur ne se sert contre mes escrits que d'im-
postures et de sophismes (2). Je ne sçay si je ne me résoudray à y
faire quelque réponse attendu que l'auteur ne met point son nom à la
teste de la lettre, et que ce seroit le moyen d'attirer de nouvelles
satyres (3). La lettre latine, qui regarde le traité de Bertramus ou
Ratramnus (4), vous fera connoistre mes sentimens sur deux chefs.
L'un est que je tiens avec les cardinaux Baronius, Bellarmin, du
Perron, et autres sçavans, que le traicté est hérétique (5). L'autre
regarde un poinct de critique d'histoire, sçavoir que ce traicté est le
mesme avec celui qui fut condamné par le Concile de Verceil sous

le nom de Joannes Scotus. Je suis l'auteur de cette conjecture, qui est très probable (6). Elle a esté soutenue en une thèse de Sorbonne et dictée sous mon nom par un professeur de la Faculté. Mon accusateur ne s'attache pas directement contre cette pensée, mais contre ce que j'ay escrit avec les doctes, que le traicté estoit hérétique (7), ce qui fait voir quelle est la doctrine des jansénistes touchant l'Eucharistie, c'est à dire celle de Bertramus, sçavoir que le pain est converti en la vertu et en l'efficace (8) du corps de Jésus-Christ, et n'est point son vray corps, mais la figure du corps. C'est l'opinion du ministre Aubertin (9), qui l'a tirée de Bertramus.

Je partirai dans quatre ou cinq jours pour Lion où le Roy m'a commandé de le suivre, d'où j'aurai l'honneur de vous escrire.

Vostre tres humble et tres obéissant serviteur.

MARCA, arch. de Thoulouse.

A Paris, ce 25 d'octobre 1658 (10).

(1) François Hallier, qui siégea de 1657 à 1659. Il est beaucoup parlé, dans les *Mémoires* du P. Rapin (t. i et ii, *passim*), de ce docteur de Sorbonne, dont un livre *(De la Hiérarchie)* fut censuré à Rome. Le malicieux jésuite accuse (t. i, p. 287) F. Hallier d'avoir fort aimé le *bon vin* et aussi, ce qui est un crime irrémissible, les *omelettes à la janséniste*. Voir diverses lettres adressées par Hallier à son ami Marca, dans le volume 123 de la collection Baluze, par exemple, fo 4 (lettre du 14 février 1651), fo 9 (lettre du 2 septembre 1652), fo 51 (lettre du 3 septembre 1658), etc.

(2) Voir dans le volume 121 de la collection Baluze (fo 188) une pièce imprimée sous ce titre : *Arrest du Conseil d'Estat portant que le libelle diffamoire intitulé : Lettres de l'autheur des reigles très importantes, au sieur de Marca, archevesque de Tholose, sera brûlé par l'exécuteur de la haute justice* (Paris, chez Seb. Cramoisy, 1659, in-4o de 7 pages). L'arrêt fut exécuté le mercredi 21 mai 1654.

(3) J'ai vainement cherché le nom de l'adversaire de Marca dans la troisième édition du *Dictionnaire des ouvrages anonymes*. Citons ici ce passage des *Hommes illustres* de Perrault (t. i, p. 18) : « Tant de vertus et tant de grandes qualitez n'empeschèrent pas qu'on ne fist contre luy des libelles diffamatoires, qui furent condamnez à Rome, et brûlez publiquement à Paris; sur quoi il dit agréablement qu'on voyoit en cela une suite de la concorde du Sacerdoce et de l'Empire. »

(4) C'est sous le nom de *Ratramne* que l'on trouvera, dans la plupart des dictionnaires biographiques, l'article consacré à ce moine de l'abbaye de Corbie, lequel vivait au ixe siècle. Tous les détails désirables, soit sur cet écrivain, soit sur la discussion engagée au

sujet de son livre, ont été réunis dans le tome v de l'*Histoire litté-raire de la France* (p. 332-351).

(5) Dom Rivet nous apprend (p. 338) que « M. de Sainte-Bœuve fut le premier qui (1655) entreprit de justifier Ratramne. » Parmi les autres savants qui ont défendu l'orthodoxie du traité, on peut nom-mer Dom Mabillon, le docteur de Sorbonne Jacques Boileau, Dom Rivet lui-même, etc. Le sentiment contraire a été suivi par le P. Hardouin, par Casimir Oudin, etc.

(6) Marca avait pour sa conjecture les illusions d'un tendre père : tous les sérieux critiques ont déclaré qu'elle est inacceptable, et Dom Rivet, qui la trouve « singulière, » n'a pu citer qu'un seul auteur, de peu de renom, qui ait cru devoir l'adopter, le P. de Paris, cha-noine régulier : encore ne fut-il pas pour Marca un bien fidèle allié, car il prétendait que « ce pouvait aussi bien être Bérenger ou ses sectateurs qui avaient fabriqué cet ouvrage. »

(7) Voir une lettre de Marca sur ce sujet adressée en 1657 à Dom Luc d'Achery et imprimée par cet érudit en tête du tome II de son *Spicilegium* (Paris, 13 vol. in-4°, 1655-1677).

(8) Ce substantif s'employait si bien au XVIIe siècle, que le P. Bouhours, un raffiné et un puriste, comme on sait, déclarait qu'*ef-ficacité* n'était pas français. La dernière édition du *Dictionnaire de Trévoux* (1771) donne encore le substantif *efficace*, non sans rappe-ler toutefois que le mot a été proscrit par Voltaire.

(9) Sur le ministre Aubertin (Edme), né en 1595, mort en 1652, voir la *France protestante*, seconde édition, t. I, 1874, col. 434-439.

(10) Collection Baluze, vol. 123, f° 55.

XI

A l'évêque de Lodève.

A Toulouse, ce 9 avril 1659.

Monseigneur,

La division qui estoit dans les esprits touchant les sermons de Mgr de Montauban (1) et le P. Adam, jésuite (2), prédicateur en mon église, sur le subject du jansénisme, a esté tout aussitost appai-sée après mon arrivée. J'allai aux Pénitens bleus ouir Mr de Mon-tauban, qui me fit une apostrophe en sa préface fort ingénieuse et très obligeante, et sur la fin il me rendit conte de ce qu'il avoit pres-ché, et particulièrement il déclara que les cinq propositions estoient condamnées au sens de Jansenius dont il expliqua en sommaire le venin. Mr le premier président (3) et trois autres présidens et vingt conseillers estoient présens à ceste action. Le P. Adam prescha le lendemain en ma présence le jour des Rameaux, où assistoient M^r le premier président et plusieurs autres présidens et conseillers jusqu'au nombre de soixante. Il rapporta en bref la doctrine qu'il avoit preschée touchant les cinq propositions, et y adjouta que ce grand prélat avoit enseigné la mesme doctrine contre les opinions hérétiques de Jansenius, et qu'il avoit esté l'un des commissaires avec moi pour les condamner. J'avois porté le P. Adam à parler de la sorte, dont Mr de Montauban fut content.

Je vous baise les mains et suis entièrement, Monseigneur, vostre très humble et très obéissant serviteur et confrère.

MARCA, arch. de Thoulouse.

J'attens les poudres qu'il vous plaira de m'envoyer. M^r le premier président m'a visité le premier. Cet article n'est point des règles. Il dépendoit de lui et de moi de nous prévenir par civilité (4).

(1) Pierre de Bertier, déjà nommé plus haut dans la lettre portant le n° VI et datée du 2 février 1654.

(2) Sur le P. Adam, né à Limoges en 1608, mort à Bordeaux en 1684, et qui, s'il ne fut pas, suivant un mot souvent répété, le *premier homme du monde,* fut, du moins, comme le rappellent les rédacteurs de la *Bibliothèque des écrivains de la Compagnie de Jésus* (t. I, in-f°, 1869, col. 19), un « fameux prédicateur et controversiste, connu par son zèle contre Jansénius et les calvinistes, » voir un article du *Cabinet historique* de juillet, août et septembre 1877, intitulé: *Une lettre du P. Adam au cardinal Mazarin* (p. 238-240). M. E. Roschach, dans sa continuation de l'*Histoire générale de Languedoc,* n'a rien dit de l'incident des prédications sur lequel P. de Marca nous donne de si minutieux détails.

(3) Ce premier président était Gaspard de Fieubet, qui, en 1653, à l'âge de 31 ans et étant déjà procureur général, avait succédé à Jean de Bertier, seigneur de Montrabe, et qui mourut le 8 novembre 1686. Le *Moréri* rappelle que Louis XIV l'honora de cet éloge, que *c'était un des plus grands juges de son royaume.*

(4) Collection Baluze, vol. 121, f° 41. Notons encore (*Ibid.,* f° 43) une lettre écrite à Bosquet, de Toulouse, le 31 janvier 1660, au sujet de l'assemblée provinciale, lettre où il est fort question de l'évêque de Montauban et de l'abbé de Faget. Notons surtout (*Ibid.,* f° 45) une lettre écrite au même prélat, de Perpignan, le 24 avril 1660. Là, Marca annonce à son ami qu'il en a fini avec MM. les commissaires d'Espagne pour les délimitations des frontières des deux royaumes, qu'il va partir pour Toulouse le 26 du présent mois, et qu'il ne manquera pas de lui envoyer sa relation des opérations pour lesdites délimitations, « qui est pour le moins aussi grande et aussi bien

tournée que celle du jansénisme. » Marca, se livrant à d'amicales plaisanteries, appelle le savant évêque de Montpellier « cardinal Bosquet. » Toute la lettre est des plus joviales.

XII

A Madame la duchesse d'Orléans (1).

Du 15 novembre 1659.

Madame,

J'ai receu avec respect la lettre dont il a pleu à V. A. R. de m'honorer sur l'establissement d'un monastere des filles de N. Dame de la Paix en cette ville de Toulouse. Il est certain qu'il y a desja un bon nombre de monasteres, qui exclut la nécessité d'en avoir de nouveaux, et qui engage pour le moins les capitouls à prendre garde que ces nouveaus établissemens se facent avec des fonds suffisans pour les faire subsister. J'aporteray de ma part toutes les facilités qui dépendront de moy pour satisfaire aux desirs de V. A. et luy faire voir par mes soumissions que je suis avec respect, Madame, vostre très humble et très obéissant serviteur.

MARCA, archevesque de Thoulouze (2).

(1) C'était la seconde femme de Gaston d'Orléans, le frère de Louis XIII, Marguerite de Lorraine, sœur du duc Charles IV, née en 1631, morte en 1672.

(2) Collection Baluze, vol. 325, f° 139. Autographe. La lettre par laquelle Marguerite de Lorraine réclamait le concours de Marca pour l'établissement d'un nouveau couvent à Toulouse se trouve au f° 137 du volume 325. Cette lettre est datée de Blois le 13 juillet 1659. On voit que l'archevêque de Toulouse avait pris son temps pour rédiger la réponse évasive que l'on vient de lire. Dans le même volume, signalons (fol. 130) une lettre d'Anne d'Autriche, du 16 août 1656, où la reine et régente prie Marca de défendre au P. Desmares (de l'Oratoire) de prêcher dans la ville de Toulouse, « les mêmes causes qui l'ont empêché de continuer ses prédications en la ville de Paris n'ayant point cessé en sa personne et en sa doctrine, pour lesquelles la chaire luy a esté interdite. » Anne d'Autriche ajoute que le P. Desmares prêche « une nouvelle doctrine qui préjudicie à l'Eglise. »

XIII

A l'évêque de Lodève.

Fontainebleau, ce 9 de juin 1661.

Monseigneur,

Lorsque vous serez en ce lieu, nous parlerons familierement de diverses choses. Cependant je suis obligé de vous dire que je ne suis pas moine ni petit collet pour estre Suger (1). On ne s'ouvre point à moi, et je ne suis pas si impertinent de m'ingérer aux choses où je ne prétends aucun intérest. Je voulois renouer ce qui avoit échappé à vos soins entre Mgrs le Nonce (2) et de Sens, qui se tient à ses premières propositions, qu'on lui marque avant toutes choses en quoi il a failli. Il a la bulle du Jubilé signée par Mgr le Nonce, qui prétend ne la lui avoir point envoyée. Il dit qu'il la fera publier puisqu'il n'est point suspendu par aucun jugement de faire la fonction de sa charge, de sorte que le bref que l'on atend de Rome pour cette publication dans la Cour arrivera tard.

Je vous baise les mains, Monseigneur, et suis entièrement vostre très humble et très obligé serviteur et confrère.

MARCA, archev. de Tholouse (3).

(1) Le sage ministre de Louis VI et de Louis VII, né en 1082, mort en son abbaye de Saint-Denis le 30 janvier 1152.

(2) Celio Piccolomini, né en 1609, fut nonce en France de 1657 à 1664. Revêtu de la pourpre romaine le 14 janvier de cette dernière année, il fut nommé archevêque de Sienne en 1671 et mourut en 1681. On peut lire dans le volume 360 de la collection Baluze (fo 3) une lettre de ce nonce à Baluze, siguée *C. Archevêque de Césarée*, et où (janvier 1662) un bel hommage est rendu au grand mérite de Marca, pour lequel C. Piccolomini éprouvait, assure-t-il, une vive amitié. Auprès de cette lettre on en voit plusieurs autres non moins flatteuses pour Marca adressées par divers évèques à Baluze. C'est ainsi que (fo 1) l'évêque de Limoges, François de La Fayette, qui siégea de 1628 à 1676, écrit à Baluze, le 14 juillet 1662 : « Monsieur, je suis affligé avec vous de la mort de Mr l'archevesque, vostre patron. Vous y avez perdu un bon maistre et moy un confrere et amy pour lequel j'avois un grand respect et une singulière vénération. » Citons encore une lettre de l'archevêque d'Arles (François Adhémar de Monteil de Grignan) écrite d'Arles, le 8 janvier 1663 (fo 5), à « Mr Baluze, chanoine de Reims, chez Mr l'archevêque d'Auch, à Paris, » deux lettres de Nicolas Sevin, évêque de Cahors, écrites au même, l'une du château épiscopal de « Merquez, » le 3 janvier 1663 (fo 7), l'autre de « Tholose, » le 14 février de la même année (fo 9), cette dernière roulant sur les ouvrages manuscrits laissés par Marca, etc. De ces diverses lettres il faut rapprocher une lettre de François Bosquet publiée par Baluze dans sa *Vie de Marca* (p. 146-150). Baluze annonce à ses lecteurs (p. 145) que son opuscule était déjà prêt à paraître (l'achevé d'imprimer est du 5 janvier 1663), lorsqu'il a reçu de Fr. Bosquet, évêque de Montpellier, la lettre qu'il

a cru devoir y joindre. Cette lettre, écrite avec une éloquente émotion, est le morceau le plus remarquable qu'ait inspiré la mort de Pierre de Marca.

(3) Collection Baluze, vol. 121, f⁰ 46. — Le 10 décembre 1660, Marca écrivit de Paris (même collection, vol. 361, f⁰ 25) à l'évêque d'Angers [Henri Arnauld] pour le prier de conférer la cure de Pruniers à « M. Baluze, qui est mon domestique depuis quelques années, et me sert en mes estudes. Je vous certifie de sa capacité et bonnes mœurs, et qu'il est clerc tonsuré. » H. Arnauld, cinq jours après répondit en ces termes (*Ibid.*, f⁰ 27) : « A Angers, ce 15 décembre 1660. Monseigneur, j'ay fait à l'instant expédier la provision de la cure de Pruniers pour Mʳ Baluze, qui ne pouvoit avoir une plus forte recommandation auprès de moy que l'honneur que vous luy faites de l'aimer et de l'estimer au point que vous faites. » L'évêque d'Angers ajoute que malheureusement le bénéfice est de très petit revenu. Pruniers est un bourg de la commune de Bouchemaine, arrondissement et canton d'Angers. Voir le *Dictionnaire historique, géographique et biographique de Maine-et-Loire* (t. III, p. 196-197). L'auteur de ce beau recueil, M. C. Port, auquel rien n'a échappé, constate que la cure de Pruniers « était un des plus pauvres bénéfices de l'Anjou, » et rappelle que, sur la recommandation de Marca, Baluze fut, le 15 décembre 1660, gratifié par Arnauld de cette cure, qu'il ne desservit pas, et où il était déjà remplacé dès janvier 1661.

APPENDICE.

Lettres de Galatoire de Marca et du capucin Simon de Mont-de-Marsan.

I

Au chancelier Séguier.

A Pau, ce 1ᵉʳ février 1667.

Monseigneur,

Agréez, s'il vous plait, que je coure à vous comme à mon azyle, pour me metre à couvert de la persecution estrange d'un de mes beaufreres, que je dois d'autant plus craindre qu'il couvre son jeu par des artifices et des déguisements qui luy sont comme naturels : il est vray, Monseigneur, que toute son adresse ne consiste qu'à mentir avec une effronterie insigne, quoyque très grossiere, ce qui est très indigne d'un homme sérieux et qui veut passer pour une piece de bon alloy dans la société civile. Si l'affayre que nous avons au conseil mérite tant soit peu vostre attention, et qu'elle vous soit fidelement rapportée, vous me tiendrés quitte asseurément de l'advance que je viens de vous fayre. Je prie Monsieur de Nogues de vouloir prendre la peine de vous en informer et de se joindre pour cela à Monsieur l'abbé de Faget.

Je leur ay mesme adressé un petit mémoire et les prie de prendre quelque moment favorable pour vous le fayre veoir; s'y j'estois asses heureux pour cella, vous verriés, Monseigneur, que M. de Rebenac, ma partie (1), n'est pas mieux fondé dans la conduite qu'il tient contre moy en cette affaire, que dans le fonds, n'y ayant point de huguenots en ce pais, qui ne fasse des signes de croix, quand ils considèrent la manie et la rage qui le gouvernent en cette occasion, et qui luy donnent des mouvements si estranges et si barbares contre un homme qui l'accable de raison, de justice et de civilité, et qui seroit plus fondé, si son humeur ne luy deffendoit cette conduite, à pester et vacarmer à l'exemple de sa partie, mais non à mentir et travailler avec attachement à faire des coupe-gorges, ce que je ne crois pas pouvoir compatir avec les maximes de l'honneur ny de la vertu.

Excusés, Monseigneur, cette petite liberté, et pour ne tomber pas dans le reproche que je fais à ma partie, agreez qu'en vous confirmant l'estonnement de ceux qui scavent la manière d'agir de M. de Rebenac, j'en retranche seulement les signes de croix des huguenots ne vous en ayant parlé que pour vous donner une idée des sentiments que l'on a en ce pais de nostre affayre.

Je soutiens, Monseigneur, que mon mémoire est véritable en tous ses points à la perte de ma cause et des prétentions que j'ay sur M. de Rebenac, dont je consens que vous me deboutiés avec la dernière rigueur si je suis assés hardi pour vous mentir d'un seul mot. Je me mets en la présence de Dieu pour vous promettre que je ne réclameray point de vostre condamnation, si vous jugés que je la mérite par aucune supposition, et que j'y acquiesceray non seulement par devoir, comme partant du ressort souverain sur tous les magistrats souverains, mais aussi par cette déférence et inclination naturelle que j'ay pour vostre personne, et que j'ay comme succé avec le laict, qui rend non seulement mes actions, mais mon cœur très parfaitement soubmis à vostre volonté et à vos jugemens, dans lesquels pourtant j'espère trouver la justice et le bon traictement qui est deu à ma bonne foy, et à la conduite de ma vie; je serois allé en personne vous demander justice, si je n'estois retenu par quelque reste d'une maladie qui m'a faict tenir le lict et la chambre près de cinq mois sur la fin de l'année précédente.

Comme vous estes, Monseigneur, une source de graces inespuisable, je me trouve obligé de vous en demander une nouvelle que vous trouverés sans doubte pleine de raison, qui est qu'il vous plaise me donner le moyen de me remetre volontairement entre les bras de ce parlement dont vous nous aviés detachés à l'occasion de M. de Rebenac, ma partie, et de son affayre de seneschal, pour raison duquel il vouloit forcer tous les ordres de la province, importunant tousjours feu mon père de quelque vision, et de quelque affayre facheuse : je ne puis revenir de bonne grâce à nostre Parlement qu'en luy sacrifiant agréablement une nouvelle prorogation de mon renvoy, laquelle je vous demande instament pour m'en servir comme je viens de vous dire, lorsque je verray mon temps pour cella. Cependant je vous souhaite, Monseigneur, une santé parfaicte, et à moy les occasions de recognoistre toutes vos bontés en qualité, Monseigneur, de vostre très humble et très obéissant serviteur.

Marca (2).

(1) Il a été plus haut question du mariage du vicomte de Rebenac avec la fille de Marca. Complétons la note déjà donnée sur cet intraitable beau-frère de Galatoire de Marca, en reproduisant ce qu'en a dit l'abbé de Faget, p. 32 de la vie de P. de Marca (1669) : « Margaritam filiam suam primogenitam, egregiam forma et moribus puellam, uxorem tradidit Arnaldo de Labarte, viro nobili, vice-comiti de Rebenac, et totius Benearni senescallo. » L'éloge que l'abbé de Faget fait de la beauté de sa nièce à la mode de Bretagne me rappelle que l'on n'a pas moins loué les attraits de la mère de Mme de Rebenac. M. Bascle de Lagrèze, par exemple, n'a-t-il pas dit de Marguerite de Forgues que « sa beauté remarquable et la supériorité de son esprit surpassaient encore l'éclat de sa naissance ? »

(2) Fonds français, vol. 17409, f° 7. Autographe.

II

Au même.

Monseigneur,

Quoyq'incogneu et dépourveu de mérite requis à donner de l'accès à ma plume vers Vostre Grandeur, la cognoissance que vous avés de celuy de Monsieur de Marca me fait entreprendre de vous escrire non tant pour luy que pour la province de Bearn sur le decès de l'un de ses prelats et sur la vaquance du diocese d'Oloron par sa mort (1). Cette occasion, s'il vous plaist de l'embrasser, Monseigneur, sera très favorable à ses besoins pour luy faire recouvrer ce qu'elle a perdu par sa nomination à l'évèché de Cozerans, qui la doit déposseder des fruits que le ciel luy prometoit et sembloit luy avoir fait naistre pour en jouir en propre.

Ses qualités excellentes ne peuvent que réussir heureusement partout où il aura de l'employ. Où qu'il serve, le public en cueillira les fruits, mais la semence ne sçauroit profiter en nulle part ailleurs si avantageusement qu'en son propre terroir pour le progrès de la religion catholique. Le zèle que vous employés, Monseigneur, à sa protection dans le général des interets de sa gloire par toute la France, où elle vous recognoit comme un de ses anges tutélaires, ne desrobe pas vostre œil aux soins particuliers que sa vigilance prent pour le bien de cette petite partie la plus nécessiteuse de toutes pour le spirituel. La cognoissance de l'humeur des esprits que j'y ay acquise par une longue expérience de plusieurs années de service que j'ay rendu à la prédication dont les premiers emplois me sont écheus, la compassion de la perte de ceux qui y flotent encore dans le naufrage de la foy, et la passion que j'ay d'y voir parfaire ce qu'il y a de progrès avantageux et l'œuvre de leur salut, et ce que je sçai que le zèle et la prudence du dit sieur de Marca y pourroient rapporter m'a obligé de l'exposer à la Vostre en son esloignement et mesme en l'absence et insceu de Monsieur son fils, sans autre motif ni sollicitation que de la gloire de Dieu, lequel je croy servir en cette occasion selon vos intentions et y satisfaire à une partie des devoirs que j'ay d'estre, Monseigneur, vostre très humble et très obeissant serviteur.

F. Simon, de Mont de Marsan,
capucin indigne, gardien à Pau.

A Pau, ce 20 juin (1646) (2).

(1) L'évêché d'Oloron était alors vacant par la mort d'Arnaud de Maytie, qui siégeait depuis l'année 1620 et qui fut remplacé par Louis de Bassompierre, lequel ne tarda pas à faire place (1647) à Pierre de Gassion. Sur tous ces évèques il faut consulter l'excellent ouvrage de M. l'abbé Menjoulet.

(2) Fonds français, vol. 17385, f° 49. Autographe.

Lettres de Marca à Séguier (1).

XXVII

Monseigneur,

L'abandonement de Sitges nous a rendu tout ce quartier de pais, et le vieux chateau n'a esté ruiné qu'à demi par les mines, à cause que de 24 que les Espagnols y avoient faictes, deux paisans ont retiré les bouts de meches de vingt, et par ce moyen ils en ont empesché l'effect.

J'ai parlé au vicaire de Ribes qui est un lieu voisin. lequel a traicté avec don Joan de Garai, avec don Francisco Tonteville, le duc d'Albuguergue, et divers officiers qui publioient que leur dessein estoit de se présenter à Barcelone, où ils seroient receus infailliblement; et sur ce que celui-ci représentoit que leur intelligence estoit découverte, et que leurs amis avoient esté chassés, Don Joan de Garai répondit que nous n'avions pas encore touché au blanc et qu'il lui restoit un grand nombre de partisans dans la place. Mais ils furent étonés lorsqu'ils aprirent que la garnison françoise avoit esté receue, et qu'elle n'estoit pas logée dans les maisons des particuliers, d'où ils espéroient que leurs confidens fairoient naistre l'occasion d'une sédition.

Ce fut pour lors que don Joan de Garai déclama contre don Joseph Margarit (1), disant hautement qu'il bailleroit dix mil pistoles à celui qui le tueroit. Le duc d'Albuguergue se contenta de dire qu'il faloit venir à bout de cet homme. Ils n'oublièrent point aussi de se fascher contre Marca, disans qu'il seroit mieux dans son evesché qu'à Barcelone, pour y troubler les affaires du roi leur maistre. Ils n'estoient pas pour lors si indignés contre moi, comme ils l'estoient à Montblanc où ils avoient projetté de me faire tuer, comme à don Joseph Margarit.

Vous voyez, Monseigneur, à quoi vient aboutir ma partialité avec le gouverneur de Catalogne, sçavoir à metre les Espagnols en mau-

(1) Je répare un oubli en donnant ici la lettre de Marca qui devait terminer sa correspondance avec Séguier.　　　　　　　　　　　T. DE L.

vaise heumeur contre nous, parce que nous avons ruiné leurs intel-
ligences, avec ceux qui déclament contre les deux, et taschent de
persuader ici, et à la Cour, que nous n'agissons que par un principe
de partialité, ce qui est véritable, mais c'est la partialité de France
contre Espagne.

Vous apprendrés, Monseigneur, les exploicts du comte d'Ille en
Valence, où il estoit entré avec mil chevaux, quinse cens hommes
de pied et deux canons de 24 livres. Ses troupes ont faict du butin
en cinq ou six villages, ont assiégé San Mattheo, où estoit le baron
de Sabat avec sept ou huit cens hommes en tout. Après que la
bresche fut faicte, on sursit de donner l'assaut, pour éviter que les
soldatz s'amusans au pillage, les mil hommes qui avoient débarqué
à Vineros, que l'on publioit estre trois mil, ne missent nos troupes
en déroute.

Les Catalans ont un grand déplaisir de cette entrée en Valence, et
eussent mieux aimé que ces troupes eussent esté joinctes à celles que
nous avions de deça, pour rempourter quelque avantage sur les
enemis pendant leur retraicte. Je suis ordinairement occupé à répondre à leurs plainctes, pour faire valoir sa conduite de M. de
Marsin contre l'armée d'Espagne qui a esté telle que s'il eut procédé
avec moins de prudence (2), il eust ruiné les affaires de deça.

Je suis tousjours, Monseigneur, vostre très humble, très obeissant
et très obligé serviteur.

Marca, E. de Coserans.

A Barcelone, ce 24 de novembre 1649 (3).

(1) Don Joseph Marguerit, comte d'Aguilar, avait été nommé gouverneur de la Catalogne par Louis XIII. Louis XIV le nomma gouverneur du Roussillon, après qu'il eut été brûlé en effigie sur une
des places publiques de Barcelone par les Espagnols (13 octobre
1652.)

(2) Il faut retenir cet éloge donné par un bon juge au général que
d'autre part, appréciait tant le grand Condé.

(3) *Ibid.*, f° 77. Les dernières lignes seulement sont autographes,
à partir de : *Je suis tousjours.*